La fabuleuse invasion de l'Alsace par les Lorrains

LOUIS ENGEL, de père lorrain et de mère alsacienne, est originaire des Vosges mosellanes. Il partage sa vie entre Strasbourg et son village natal, au pied du Donon. Dans l'auberge familiale, au bord de la Sarre rouge, il a été bercé par le dialecte roman et l'alsacien, ce qui le place au confluent de deux cultures à la fois différentes linguistiquement et proches historiquement : l'Alsace et la Lorraine. Il est l'auteur de *À la table de l'Ami Fritz* (Prix Maupassant-Esprit Épicure, La Nuée Bleue, 2008), préfacé par Gérard Oberlé, une délectable invitation dans l'univers tant culinaire que littéraire d'Erckmann-Chatrian.

ISBN : 978-2-35578-075-2

LOUIS ENGEL

La fabuleuse invasion de l'Alsace par les Lorrains

■ EDITIONS PLACE STANISLAS

1

Dans lequel un Souabe glouton défuncte

Rues et venelles se renvoyaient l'écho sourd du bourdon de la cathédrale, telle une lente marche funèbre ; il était vingt-deux heures passées. Strasbourg rêvait sous la neige de novembre. Rue de la Douane, devant l'auberge du Zolstock, de nombreux passants aperçurent le corps allongé dans le caniveau crasseux.

– Un clochard ivre, sans doute, passons, se dirent-ils tous.

Enfin, un noctambule, meilleur Samaritain que les autres, alerta les serveurs et les derniers clients de l'établissement qui se précipitèrent autour de l'homme qui gisait là. On lui parla, le secoua, le retourna. Rien n'y fit. D'évidence, il était raide mort. Comme il faisait un froid à ne pas mettre un huguenot dehors, on se replia promptement dans l'auberge surchauffée pour prévenir et attendre l'arrivée des secours. Le patron se saisit de l'occasion pour verser à tous un godet de marc de gewurztraminer afin qu'ils se remissent de leur émotion, sans omettre toutefois d'ajouter ce réconfort à l'addition.

– Il y a quelques minutes, il dînait à côté de moi, dit un petit homme rougeaud qui avait grand-peine à contenir son désarroi et tremblait comme s'il venait d'assister au spectacle de son propre trépas.

– Avez-vous remarqué comme il s'est empiffré ? remarqua un autre, les yeux embués, non par l'émotion, mais par l'effet sournois de la fine engloutie d'un trait.

– Des harengs *maatjes* aux pommes en entrée et une choucroute royale arrosée d'une bouteille de riesling grand cru Rangen, le tout précédé de deux amers bières « avec »*[1], précisa un serveur. Moi, continua-t-il, je préfère l'amer bière « sans »* ; c'est le sirop de citron qui a eu raison de notre homme.

On allait rire et commenter davantage lorsque la sirène des pompiers se fit entendre. La caserne de Finckviller était à deux pas. Le médecin de garde eut tôt fait de constater le décès de l'homme et diagnostiqua un arrêt du cœur consécutif à un excès de nourriture et de boisson. Puis la police municipale déboula. Les poches de l'infortuné furent fouillées : Hans Trapp, citoyen allemand, représentant de commerce, demeurant à Baden-Baden, venait de rendre l'âme dans une rigole souillée.

1. Les termes, expressions et particularismes alsaciens signalés par un astérisque sont expliqués dans le glossaire (p. 166).

Le quotidien local, *Les Dernières Nouvelles d'Alsace*, ne consacra qu'un entrefilet laconique à l'affaire. Un touriste allemand, à quelques semaines de l'ouverture du marché de Noël ! Hors de question d'apeurer les hordes visiteuses qui allaient fondre sur la ville comme une nuée d'étourneaux ; il en allait de la bonne santé du commerce, de l'hôtellerie et de la restauration.

Seuls quelques habitués de la brasserie à l'enseigne de l'Herminette, à quelques pas du restaurant du Zolstock, se laissèrent aller à des commentaires amusés sur ces Souabes qui ne savent ni boire ni manger et encore moins mourir avec élégance.

– Le bon vivant, s'il est Alsacien, meurt à table, non dans la rue, commenta le premier.

C'était Robert, Robert Wackes, le bravache, le fort en gueule, originaire du quartier de la Musau. « Musau école », précisait-il invariablement, faisant en cela référence à l'arrêt de bus éponyme. Entré à quatorze ans à la Compagnie des Transports strasbourgeois, « dépôt de Neudorf », comme apprenti mécanicien, il avait gravi tous les échelons : mécanicien, receveur, contrôleur, chauffeur, puis « chef » peu avant la retraite. Il s'enorgueillissait d'avoir, ès qualité, formé les impétrants receveurs et conducteurs, les promenant des après-midi entiers dans toute la ville, par des hivers sans soleil, dans des bus sans voyageurs. Il ralentissait à chaque arrêt, répétait plusieurs fois le nom du lieu. La pédagogie de la répétition, c'était son truc. Retour au dépôt Cronenbourg et interrogation écrite. Arrêts de la ligne 24 ? Horaires des correspondances générales place Broglie, Kléber et Homme de Fer ? Quelles lignes desservent l'arrêt Saint-Nicolas ? Le matin, cours théoriques. Ne voyagent gratuitement que les chiens dont la longueur mesurée de la pointe du museau au bout de la queue ne dépasse pas cinquante centimètres. Les chiens d'aveugles ont-ils la gratuité nonobstant leur taille ? Les chiens policiers en service ne paient pas, hors service ils paient. Un fraudeur se repère au regard qu'il vous jette. Ça, c'était sa spécialité : repérer le resquilleur en un coup d'œil, à peine le seuil du véhicule franchi. Robert avait l'œil. Mais, par-dessus tout, il adorait former les étudiants qui venaient arrondir leurs fins de mois comme receveurs à temps partiel, surtout les francophones. Il se délectait de leur donner les noms des arrêts en dialecte alsacien et de les faire répéter. Parfois, il en truffait les interrogations écrites, demandait les traductions en français. Ce sadisme bon enfant lui procurait la délicieuse revanche de celui qui a quitté l'école trop tôt.

– Ils feraient mieux de rester chez eux en compagnie de leur *Bratwürst*, *Currywürst* et autre *Bauernwürst*, quelle façon de se nourrir ! Rien d'étonnant à ce qu'ils ne supportent pas la légèreté et la variété de notre cuisine ! ajouta un autre membre de la joyeuse compagnie.

Lui, c'était Chrisostome Spengler, un robuste indigène à la carrure impressionnante, au teint frais malgré la soixantaine, un pur produit du terroir rhénan, longtemps élevé sous la mère, un AOC Alsace souche locale, génétiquement non modifié. Ses veines charriaient le sang des Triboques, des Nideck, des Geroldseck, des bâtisseurs de cathédrales et quelques gouttes de riesling fluidifiaient le tout. Le CAP d'électricien en poche, quelques années après la guerre (celle de 1939-1945, sans quoi il aurait été question de la première ou de celle de 1870… En Alsace, le calendrier est guerrier), il avait été embauché par la ville de Strasbourg. Sa curiosité et son ingéniosité technique lui avaient valu d'occuper le poste de maître sonorisateur éclairagiste pour la mairie, puis pour la Communauté urbaine de Strasbourg. Comme il le disait avec fierté et non sans malice :

– J'ai éclairé Mitterrand et sonorisé Chirac lorsqu'ils furent de passage ici.

2

Où un Texan insatiable se retrouve roide mort

On retrouva George William Shortbrain, citoyen texan, raidi par la Gueuse, sur le trottoir devant l'estaminet de La Corneille d'où il venait de sortir après avoir copieusement dîné. Le tenancier de l'établissement, plus habitué à raconter des blagues douteuses à ses clients qu'à témoigner devant la maréchaussée, déposa avec difficulté :

– Il a commencé par un *Wädele* au four… je veux dire un jambonneau, précisa-t-il à l'inspecteur de police qui, à son accent, ne pouvait venir que de Carcassonne et ne maîtrisait guère les subtilités langagières et gastronomiques de l'alsacien. Ah ! J'oubliais, il n'a bu que de cette boisson brune pétillante que je suis bien obligé de vendre.

Il faillit se signer en ajoutant :

– Puissent Bacchus et Gambrinus l'absoudre de cette hérésie. Ensuite, il a dégusté une choucroute au riesling… il a eu bien de la peine à la finir. De plus, il a failli s'étouffer avec un bretzel en attendant d'être servi. Le repas durant, il est resté cramoisi et congestionné.

Les secours dépêchés sur les lieux constatèrent un abus caractérisé de nourriture et conclurent à une mort naturelle : attaque cardiaque. *Les Dernières Nouvelles d'Alsace* mentionnèrent le fait en quelques lignes entre querelles de voisinage et incendies de voitures.

À la brasserie de l'Herminette, où tous mettaient un soin méticuleux à éplucher les nouvelles de la veille, notamment la rubrique «La vie à Strasbourg», ce fut un immense éclat de rire, chacun y allant de son cliché :

– Ces gens-là sont engraissés à coups de hamburgers et de maïs soufflé. Ils mangent le pop-corn comme nos chevaux l'avoine, dans un seau ! Pas étonnant qu'ils ne supportent pas nos préparations raffinées ! dit Chrisostome.

– Il devait être obèse ; j'ai lu dans le journal que tous les Américains ou presque sont gras comme des bœufs. Il avait le cœur dans la graisse ; une bonne choucroute là-dessus et… hopla ! renchérit Robert.

– Ils se prétendent les rois du monde et ne supportent pas notre savoureuse cuisine. Des gringalets vaniteux, comme dit ! Pas étonnant qu'ils refusent notre roquefort, conclut le patron en servant une nouvelle tournée d'amers.

Tout naturellement, la discussion dévia sur le fait de savoir si les Américains avaient établi des barrières douanières sur les importations de munster au lait cru.

– C'est un véritable scandale, s'échauffa Ernest Einschluck, que vont devenir les marcaires de ma vallée s'ils ne peuvent plus exporter ? Le Président américain a été baigné dans une eau trop chaude !

Depuis longtemps, Ernest faisait partie de la joyeuse bande de l'Herminette. Originaire de Munster, Haut-Rhin, dans la haute vallée de la Fecht, il avait effectué une longue carrière comme élagueur à la ville de Schiltigheim. Ses discours fleuris, émaillés de traductions littérales de l'alsacien, ne manquaient pas de bon sens, même s'ils faisaient souvent rire la compagnie qui ne répugnait pas à en faire son souffre-douleur.

3

Comment un râblé Vosgien quitte ce bas monde

«François Marie Ferry, né au Ban-de-Sapt, département des Vosges, enseignant à la retraite, demeurant à La Valette, département de la Moselle, a été trouvé mort, ce jour vingt et un novembre, dans la rue du Chaudron, devant la winstub* À La Broche où il venait de déjeuner. Le serveur, monsieur Jules Dorfdoddle, interrogé par nos soins, a attesté n'avoir rien remarqué de particulier, le défunt ayant fait preuve de bon appétit devant une choucroute maison généreusement dotée. Le constat médical ci-joint, établi par le docteur Fleischwurscht, fait état d'une mort naturelle par arrêt du cœur consécutif, selon toute vraisemblance, à une trop grande ingestion de nourriture et de boissons alcoolisées... »

Ainsi commençait le rapport du maréchal des logis-chef Menschenfresser. L'affaire fut vite classée, même si, à la demande de la famille, le gendarme dut modifier en hâte son compte rendu. Désormais, l'homme avait été retrouvé «agonisant» et non pas «mort» sur le trottoir, les conditions financières et administratives du rapatriement du corps dans le département des Vosges, où devait se faire l'inhumation, s'en trouvant ainsi bien plus acceptables. S'agissant d'un compatriote, *Les Dernières Nouvelles d'Alsace* consacrèrent au fait un article plus conséquent, sans toutefois en exagérer l'importance : Noël était proche et on finissait de monter les chalets de pacotille pour les marchands du temple devant Notre-Dame et sur la place Broglie.

Le quotidien haut-rhinois *L'Alsace* parla également de l'affaire, en termes tout aussi mesurés. Il faisait néanmoins remarquer, quelque peu insidieusement, que c'était la troisième personne à décéder ainsi dans les rues de la capitale alsacienne.

Les conversations, en revanche, allèrent meilleur train à la brasserie de l'Herminette, d'autant plus que chacun attendait la fin du service de Jules Dorfdoddle qui, il faut le savoir, faisait partie des habitués du lieu.

– Les Welsches* ne savent pas mieux se tenir à table que les Allemands ! commenta Chrisostome. Depuis le temps que je vous dis que les Lorrains mangent si peu et si mal. Leur vie est misérable au-delà des montagnes. Quand on ne sait ni ne peut profiter des richesses de notre bonne Alsace, on reste chez soi à mâchouiller du lait caillé accompagné de pommes de terre bouillies et à boire du vin gris juste bon à décaper les armoires anciennes…

À ce moment-là, Jules Dorfdoddle entra. Il se dirigea en silence vers ses amis qui le dévisageaient. Il se savait espéré, mais, drapé dans l'importance qui était la sienne ce jour-là, ne dit mot. Il attendait qu'on lui posât des questions.

Ce fut Ernest Einschluck qui parla le premier :

– Alors, raconte ! Que s'est-il passé à La Broche ? C'est comment un cadavre ? Tu as parlé aux journalistes ? Et à la police ?

Après quelques soupirs qui en disaient long sur le désir de Jules de faire durer le suspense, on entendit :

– Pinot gris pour tout le monde !

L'affaire devait être grave. La dernière fois que Jules avait offert ce breuvage des dieux, c'était à l'occasion de son divorce.

Une fois tout ce beau monde servi, il commenta l'affaire, parla pour la police, prit le rôle du journaliste et ainsi de suite…

Très vite, surenchères et moqueries sur les conditions de vie et la mentalité des Lorrains allèrent grand train et bon nombre des présents rentra en hésitant quant à la rue à emprunter.

4

Où nous découvrons le sort funeste d'un Haut-Rhinois gourmand

Michel Gasser, viticulteur à Voegtlingshoffen, s'était rendu à Strasbourg afin d'y embouteiller son riesling à l'ombre de la chapelle des hospices civils et de bénéficier ainsi de la fameuse estampille des Hospices qui, si elle n'améliore pas la qualité du breuvage, permet néanmoins de vendre à prix plus élevé. Une unité mobile d'embouteillage avait été installée sur les parterres jouxtant l'antique cave à vins. Les cirrhotiques en soins terminaux à l'étage pouvaient entendre le cliquetis du défilement des bouteilles, comme un ultime appel au remords ou, pour les plus optimistes, la nostalgie d'un temps perdu. Le vigneron haut-rhinois comptait bien sur ce court séjour strasbourgeois et loin d'une épouse acariâtre pour mener grande vie, se bien goberger et fréquenter quelque fille vénale. On retrouva son corps sans âme dans le caniveau de la rue des Bouchers, à deux pas de la Mehlkicht, une winstub dont le renom tenait plus à son ancienneté qu'au raffinement de ses plats. La médecine constata que, pris de boisson, il avait fait une mauvaise chute et s'était ouvert le crâne en heurtant la bordure du trottoir. La tenancière de l'établissement qui, malgré le fard, des ans ne pouvait cacher le nombre, fit déposition auprès de la force publique venue enquêter. Elle fit remarquer que le trépassé, s'il avait bien dîné chez elle de deux paires de knacks accompagnées d'une salade de pommes de terre, s'était présenté passablement ivre dans sa salle et qu'elle ne lui avait servi que de la Carola. «Rouge», précisa-t-elle.

Maintenant, lecteur, il faut que tu saches qu'en Alsace, il en va de l'eau de table en bouteille comme des vins. Les vins ont ici noms de cépages : riesling, gewurztraminer, pinot… et l'eau minérale est rouge, bleue ou verte. En un véritable tour de force rhétorique, les Alsaciens ont donné à l'eau la couleur de son étiquette : rouge elle frétille, verte elle gazouille, bleue elle soupire. Un jour, ils inventeront une Carola de terroir AOC grand cru Clos Sainte-Odile ou Hengst. La télévision régionale ne manquera pas d'en vanter les millésimes exceptionnels, juste avant dix-neuf heures, où il sera également question de la récolte du maïs dans la plaine, de la maturité du chou quintal à Krautergersheim et de la fréquentation estivale du Haut-Koenigsbourg. Car, objectivement, tout est plus beau en Alsace et… Mais nous nous égarons, revenons plutôt à notre infortuné gisant de la rue des Bouchers.

L'Alsace évoqua le fait dans ses pages «Région», sans trop développer le sujet. Le seul commentaire mettait l'accent sur l'insécurité des rues de Strasbourg. *Les Dernières Nouvelles d'Alsace*, en revanche, annoncèrent le fait en sous-titre de première, avec photo de la winstub

Mehlkicht. L'article en pages intérieures était conséquent : on mettait l'accent sur le mauvais état de santé du disparu, ses excès alimentaires, ses neuvaines alcoolisées et sa détestable habitude de tremper des tartines de saucisse de foie dans un verre de pinot gris en guise de petit-déjeuner. La fin de l'article laissait à penser qu'un tel débauché n'aurait jamais dû quitter son Haut-Rhin natal.

À la brasserie de l'Herminette, aucun ne manquait ce soir-là et l'on ne commença à parler qu'une fois la deuxième tournée d'amers engloutie. Le ton avait changé. Sous les moqueries habituelles perçait une inquiétude non feinte. Robert Wackes prit la parole en premier pour commenter ainsi l'événement :

– Qu'un Haut-Rhinois succombe ainsi après un tel repas, c'est insensé. C'est sûr qu'ils ont les yeux plus gros que le ventre et croient tout savoir, mais quand même ! On peut leur reprocher beaucoup, certes, mais ils savent manger et se tenir à table !

– Moi, dit Ernest Einschluck, lorsque je vais en vacances dans ma famille à Munster…

– Ah ! Non ! Tu ne vas pas remettre ça ! s'écrièrent les autres à l'unisson. On n'est pas dans la vallée de Munster, ici…

– Un Haut-Rhinois gourmand… commença Chrisostome.

– C'est un pléonasme ! coupa Robert.

– Un… quoi ? s'enquit Einschluck en fronçant le sourcil.

– Un pléonasme. Tu dis deux fois la même chose.

C'est comme si tu disais « un Alsacien français » ou « un traître lorrain ».

– Ça suffit ! hurla Jules Dorfdoddle.

C'est le dernier exemple qui l'avait fait exploser. Il était né à la Haute-Gueisse, près de Sarrebourg, avait passé son jeune âge en Lorraine où demeurait encore sa famille. Le bac G en poche, il était venu à Strasbourg suivre des cours de sociologie. Très vite, il avait trouvé que les cours de la Faculté ne valaient pas les séances de tarot au bar du Schluch, rue de l'Outre. Devenu habitué du lieu, il s'était retrouvé bien vite avec une ardoise phénoménale sur le dos. C'est ainsi que naquit sa vocation de serveur : il fallait bien rembourser. Alors, choisir entre la plonge et le service…

Dans cette gentille troupe des habitués de l'Herminette, il était vite devenu le Lorrain de service, le Welsche comme ils disaient avec parfois un peu de sympathie condescendante. Mais Jules savait que cela durait depuis 1525, quand le duc de Lorraine avait écrasé et massacré les Alsaciens… alors il leur pardonnait.

– Moi, ce que je pense – Robert avait pris la parole pour calmer les esprits – c'est que les Haut-Rhinois ne sont pas dotés de ces qualités exquises qui font notre force, nous, raffinés Bas-Rhinois : la mesure, la modestie et cette intelligence rare des choses qui nous fait arrêter avant qu'il ne soit trop tard. En somme, nous le plaignons, mais il l'a bien cherché.

Tout le monde acquiesça à ces fortes et définitives paroles. Il fut décidé de s'accorder un petit réconfort.

Jules apostropha le patron :

– Claude, ce soir c'est végétarien, prépare-nous quelques-unes de tes bonnes salades.

Le patron fila en cuisine et quelques instants plus tard, ils étaient tous attablés devant une salade mixte, cervelas et gruyère, accompagnée d'une salade de museau et d'un reliquat de pot-au-feu et carottes à la vinaigrette. Il faut bien savoir, cher lecteur, que toutes ces douceurs sont considérées comme des légumes dans cette fantasque plaine rhénane.

5

Dans lequel nous assistons au trépas d'un bec fin bas-rhinois

Gustave Wädele s'effondra en sortant de la winstub à l'enseigne du Maikäfer, rue Sainte-Madeleine, profitant de l'occasion pour se fracasser le crâne contre un plot métallique dont l'unique raison de vivre était d'empêcher le stationnement abusif et d'engraisser les carrossiers de la place. La médecine conclut à une mort naturelle, fracture de la tempe et malaise cardiaque dû à un embonpoint manifeste et à une tendance atavique à la gourmandise.

Le rapport de police ne passait pas sous silence le curriculum vitæ de l'homme : chef de l'entreprise Wädele, spécialisée dans les salaisons et charcuteries en tous genres, sponsor du Racing Club de Strasbourg*, membre du comité directeur du club et prétendant officiel à la présidence, qui, pour la cinquième fois de l'année, était vacante. On en serait resté là si l'affaire n'avait fait la une des deux quotidiens alsaciens. *L'Alsace*, reprenant l'article de la précédente disparition, posait, en toute objectivité, la question de la sécurité à Strasbourg :

pourquoi les rues étaient-elles dangereuses dans la capitale régionale ? Une telle affaire pourrait-elle avoir lieu à Colmar ? Y avait-il un lien avec la situation financière du Racing ? Des pistes étaient évoquées : la maîtresse de monsieur Wädele interrogée, des perquisitions au club de football, l'entreprise de salaisons en proie à des difficultés financières et ainsi de suite…

Les Dernières Nouvelles d'Alsace tentaient de minimiser le fait : la mort était-elle suspecte ? Crise cardiaque ou agression crapuleuse ? Qui avait intérêt à une telle disparition ? L'entreprise avait-elle des problèmes de trésorerie ? La conclusion de l'article penchait pour une mort accidentelle.

Le journal du soir de France 3 Alsace traita longuement du sujet. Le maire de Mulhouse, monsieur Buckel, qui, en ces temps lointains, était encore de gauche, stigmatisa l'insécurité et les problèmes de banlieue que connaissait Strasbourg, trop content d'effacer ainsi la réputation sulfureuse de sa ville. Madame Grosskellermann, ancien maire de Strasbourg, intervint, mal à son aise, pour demander qu'une enquête approfondie élucidât les questions que chacun était en droit de se poser. L'ex-président de la Communauté urbaine de Strasbourg, un certain monsieur Kleinmann, figurait en arrière-plan de l'interview, agitant les mains pour attirer l'intérêt de la caméra. On lui donna la parole pour le calmer : il ne parla que pour dédouaner le Racing, mais il avait parlé.

Nous vous laissons imaginer l'atmosphère ce soir-là au comptoir de l'Herminette. Mines fermées, regards perdus, pensées sombres. Personne n'osait dévisager personne, de crainte que l'un ne parlât. Ne valait-il pas mieux se taire ? Et pourtant… il y avait tant à dire. Comme à l'accoutumée, ce fut Robert qui prit la parole en premier :

– Moi, je pense que Wädele a été assassiné.

Il se tut et le silence revint.

– Cette histoire du Racing ne me paraît pas très claire, fit remarquer Chrisostome.

Nouveau silence, tous scrutaient le fond de leur verre comme autant de cartomanciennes perplexes. Ernest Einschluck prit la parole :

– Dans ma famille, à Munster, on pense…

– Suffit ! Voilà qu'ils pensent là-bas, le coupa sèchement Robert. La situation est grave, n'oublions pas qu'un Strasbourgeois est mort dans des circonstances peu claires. Tout rejaillit sur la ville : vous avez lu la presse, vu la télévision ? Qu'allons-nous devenir ? Nous, la capitale de l'Alsace, la capitale de l'Europe, la capitale de Noël ?

– N'empêche que le Racing semble être en cause dans l'affaire, reprit Jules, et si nous n'avons plus le Racing, de qui va-t-on se moquer ?

Cette question fit l'unanimité. Il fut donc décidé que la piste du Racing était mauvaise afin de se réserver de futures bonnes occasions de se gausser.

On ne dégusta point de salade mixte ce soir-là. Tout le monde avait hâte de rentrer chez soi, de ne plus penser à l'affaire, de nier ainsi une réalité obscure et dérangeante.

On allait se séparer quand entra Juliette. Elle se joignait parfois à l'équipe de l'Herminette et ses apparitions faisaient à chaque fois naître une allégresse partagée et briller les regards. Elle était la veuve du professeur Knochesoup, celui qui s'était retiré de la gent carabine pour vendre des havanes et qui, à sa mort, lui avait laissé un héritage conséquent. Coquette sans excès, mais toujours bien mise, elle avait le sourire séducteur et le regard clair de ces femmes qui maîtrisent leur destin. Tous les gars de l'Herminette rêvaient de lui faire confidence et d'attirer ses faveurs. Ils l'aimaient en secret, elle le savait et en jouait avec une délectation non feinte.

– Que se passe-t-il, Robert ? Tu as l'air bien abattu ce soir…

Cette simple question suffit. Ils se lancèrent pêle-mêle dans une joute verbale décousue pour lui expliquer la gravité de la situation, chacun se croyant plus écouté que l'autre. Elle acquiesçait à chaque intervention, ponctuant ses hochements de tête par des « yooo ! » ou des « düüü ! » qui les incitaient à continuer. Quand ils furent las de surenchères et que le silence se fit, elle offrit une tournée de pinot blanc et proposa de se retrouver le dimanche suivant pour constituer une cellule de crise. Elle n'en dit pas davantage et s'en retourna, discrète, comme elle était venue, laissant ces fiers-à-bras à leurs rêves platoniques.

6

De la fâcheuse hécatombe de Breuschwickersheim

L'Herminette, premier dimanche de l'Avent ; le marché de Noël venait de coloniser les places et les ruelles de la vieille ville, mais le froid était mordant et le chaland rare. Tous les habitués étaient là, tous étaient effondrés. La une de la presse locale titrait : « L'hécatombe. »

La *Knackwurschtfest* organisée la veille par l'Amicale des sapeurs-pompiers de Breuschwickersheim à l'occasion de la Sainte-Barbe avait connu un sort tragique. Une dizaine de convives avait trouvé la mort, à peine les ripailles commencées, et plus de cinquante personnes avaient dû être hospitalisées en urgence, la plupart d'entre elles ne semblant pas tirées d'affaire.

Ernest Einschluck fut le premier à briser le silence. Il parla rapidement car il savait qu'il allait tôt être privé de parole :

– Il faut réagir, nous n'allons pas laisser branler les ailes…

– Suffit ! coupa Robert Wackes. Il se passe des événements graves et étranges dans notre bonne Alsace.

Agissons plutôt que de commenter. L'heure est grave, chers amis, on décime les Alsaciens, il y a volonté de nous nuire… Une simple intoxication alimentaire ne peut produire de si violents effets et je ne suis pas loin de penser qu'il y a un lien entre cet événement tragique et les infortunés gourmands retrouvés moribonds dans les rues de Strasbourg ces derniers jours.

La paillarde compagnie ne commanda pas de tournée supplémentaire ce soir-là et même l'arrivée tardive de la belle Juliette Knochesoup n'y changea rien. Elle n'avait pas lu la presse. Chacun tenta donc de ravir à l'autre la parole pour lui expliquer la chose, de sorte qu'elle n'y comprit rien et que la soirée se termina dans un brouhaha digne des plus épiques séances de l'Assemblée nationale. L'on s'échauffa même lorsqu'Ernest reprocha violemment à Robert de lui «passer sur la bouche» et de ne le laisser jamais terminer ses phrases.

Claude, le tenancier de la brasserie, craignant un pugilat incontrôlable, poussa tout ce raffiné monde vers la sortie, tout en essuyant les verts reproches de Juliette, qui avait soif et n'avait pu se désaltérer. Lorsqu'elle était frustrée ou dans une situation délicate, la fine bourgeoise retrouvait avec une rapidité stupéfiante les métaphores canailles les plus osées, les hyperboles langagières de son village natal, là-bas, sur les croupes du Kochersberg, et les images polissonnes que la langue alsacienne charrie avec tant de richesse. La discussion, si l'on peut appeler cela ainsi, se prolongea quelques instants sur le trottoir devant l'estaminet. On haussa le ton une nouvelle fois ; Robert et Ernest échangèrent quelques noms de volatiles dans une jolie cacophonie bilingue. Chrisostome Spengler, le philosophe de la bande, proposa que tous profitassent de la nuit pour trouver conseil et l'on se sépara.

7

Où il est question de poison fulgurant

Les jours suivants, *Les Dernières Nouvelles d'Alsace*, tout comme *L'Alsace*, firent leurs choux gras de l'affaire de Breuschwickersheim, mais rien n'avançait. Le procureur de la République, averti dès le soir du drame par la maréchaussée ainsi que par les hospices civils de Strasbourg qui parlaient de morts suspectes, avait requis la désignation d'un juge d'instruction et l'ouverture d'une procédure. Les services vétérinaires de la DDASS avaient de leur côté diligenté biologistes et vétérinaires sur place afin de procéder à toutes les analyses nécessaires. Celles-ci se révélant difficiles à interpréter, on se contenta des témoignages des proches des victimes, de leur douleur, de l'horreur de l'inexplicable ; on photographiait les maisons, on se perdait en conjectures. Puis le titre parut : « Breuschwickersheim : empoisonnement à la digitaline. » Le journaliste expliquait la nature de cette substance, son pouvoir toxique et fort difficile à déceler. Il en citait la formule chimique brute, C41 H64 O13, ce qui ne parla guère aux lecteurs alsaciens. Il osa même le latin botanique en précisant : *digitalis purpurea* et *digitalis lanata*, ce qui n'évoqua rien non plus. Il se fit biologiste et pharmacien, jonglant entre « digitoxoside », « aglicone » ou, mieux, « cycle lachonique pentagonal non saturé ». Puis, se doutant que s'il continuait ainsi, les lecteurs allaient suspendre leur abonnement, le journaliste devint docteur en médecine, précisant les symptômes et l'issue de l'empoisonnement : troubles digestifs et nerveux, désordre de la vision, vertiges, prostration, convulsions, délire, dérèglement cardiaque, chute de la tension artérielle, puis syncope fatale. Les lecteurs qui avaient trop mangé la veille commencèrent à se tâter la panse et ceux qui avaient trop bu ne retinrent que le désordre de la vision. Ce jour-là, les médecins d'Alsace virent leurs cabinets de consultation pris d'assaut et les urgences des hôpitaux durent passer un message en boucle sur France Bleu Alsace et intervenir au journal du soir de France 3 Alsace, exhortant les gens à ne plus saturer leur répondeur téléphonique, à ne point encombrer leurs salles d'attente et à patienter.

De Thann au Val de Villé, de Lauterbourg à Saint-Louis, on ne retenait qu'une chose : « syncope fatale ». Une psychose collective prenait naissance, qui n'avait de pareille que celle que les ancêtres avaient dû éprouver quand ils eurent appris que les Prussiens avaient traversé le Rhin.

L'Alsace éternelle vacillait. Mais le pire était à venir…

8

Dans lequel Breuschwickersheim s'esbaudit

Or, il se trouva qu'un des urgentistes du Samu de Strasbourg, mandé en renfort lors de l'hécatombe de la fête de Breuschwickersheim, était celui qui avait constaté plusieurs des décès récemment survenus devant de recommandables établissements strasbourgeois, ceux que nous avons évoqués plus haut. Le jeune carabin constata bien des similitudes quant à l'état des victimes et à la soudaineté de leur trépas. Il s'en ouvrit au juge en charge de l'enquête de ce que toute la presse, relayée par la rumeur villageoise, n'appelait plus que «l'affaire de Breuschwickersheim». Le magistrat ordonna aussitôt que l'on exhumât les corps des infortunés disparus afin de procéder à une autopsie. Cela prit plusieurs jours, les cadavres étaient enterrés souvent fort loin. De surcroît, la digitaline est une substance fort difficile à déceler.

La nouvelle fit diablement vite le tour des rédactions alsaciennes : chacun des corps retirés à la terre révélait des traces de ce poison. Pendant ce temps, l'analyse des stocks considérables des aliments non cuisinés à Breuschwickersheim continuait. La fête ayant tourné court, il restait des dizaines de kilos de frites surgelées, un bon quintal de knacks qu'il fallait examiner une à une, autant de saucisses blanches à rôtir, cinq lessiveuses de salade de pommes de terre, cinquante cartons de fonds de *Flammekueche**, un demi-cochon transformé malgré lui en lardons fumés, deux sacs d'oignons, cent litres de crème fraîche et cinq seaux de *Bibeleskaes**, sans parler des épices et des condiments, de l'huile de friture et des dizaines de tartes aux pommes confectionnées par les épouses des pompiers. Il fallut également s'occuper des boissons, ouvrir les bouteilles une à une pour quelques prélèvements et stocker le reste, bien étiqueté, dans la salle polyvalente communale, seule capable d'accueillir ce capharnaüm liquide pour d'éventuelles contre-expertises.

La légende rapporte que le transfert des bouteilles dura plusieurs jours : les employés communaux chargés de la tâche eurent grand mal à finir leurs journées gaillards. Pensez donc, remiser plusieurs centaines de flûtes de pinot noir, gris ou blanc, ouvertes, à peine déflorées et qui allaient tourner vinaigre… Chaque flacon fut donc honoré d'un prélèvement braconnier. Il en alla de même des fûts de bière d'Alsace, qui, à l'air libre, perdent rapidement leur sublime mousse et comme le dit le proverbe local : il ne faut rien laisser perdre…

Le biologiste chargé de superviser les prises d'échantillons et les analyses comprit tout de suite ce manège. Ne voyant aucun des employés municipaux victime de malaises autres que l'ivresse, il décida de ne pas attribuer l'intoxication aux boissons. Cela se sut bientôt dans le bourg et, une nuit durant, la salle des fêtes fut l'objet de libations villageoises à la gloire de Bacchus et de Gambrinus, au point qu'on en oublia même la mémoire des trépassés, d'autant plus que, cela est connu, pleurer donne soif.

9

Où nous verrons que la knack occit

– Ça, ça défonce le tonneau, s'écria Ernest Einschluck dans une de ces envolées métaphoriques vineuses haut-rhinoises dont il avait le secret. Assis au comptoir de l'Herminette ce matin-là, il venait de découvrir les gros titres de la presse régionale. *Les Dernières Nouvelles d'Alsace* écrivaient : «La knack a tué.» *L'Alsace* persiflait : «Les knacks strasbourgeoises sont empoisonnées...»

Il était trop tôt pour commander un amer bière, aussi Ernest apostropha-t-il le tenancier afin qu'il lui servît un café «avec»*, il fallait au moins cela pour avoir la force de continuer la lecture. Les journalistes expliquaient que les analyses menées avec diligence après le massacre de Breuschwickersheim avaient parlé. Une quantité conséquente de digitaline avait été décelée dans quelques-unes de ces saucisses emblématiques du génie culinaire alsacien et mondial, cela va sans dire.

Robert Wackes et Chrisostome Spengler arrivèrent à l'heure de l'apéritif, suivis de Jules Dorfdoddle qui avait congé ce jour-là. Ernest, qui en était à son cinquième café «avec», les accueillit ainsi :

– Il y a de la mauvaise farine aux boulettes ! Ça sent le roussi, on veut la mort de l'Alsace, notre bonne Alsace. Nos knacks nous tuent. Nous sommes perdus, ajouta-t-il dans un sanglot sincère.

– Amer bière, tonna Robert.

Une fois servis, ils se mirent à la lecture de la funeste nouvelle, dans un silence froid, aucun n'osant dévisager l'autre de crainte de le voir pleurer et de larmoyer lui-même. La lecture terminée, nul ne commenta, Ernest avait déjà tout dit.

Tous décidèrent de déjeuner à l'Herminette, chacun comptant sur l'autre pour le rassurer ou le convaincre que cela n'était pas vrai. Mais cela était si vrai qu'ils demandèrent à l'aubergiste de leur servir des salades mixtes sans cervelas qui, on le sait bien dans la gent bouchère, est le cousin germain de la knack, à la différence que le cervelas se déguste froid et la knack chaude, que l'on écorche l'un avant de le couper et que l'autre garde son enveloppe, ce qui la fait craquer si délicatement sous la dent, « knack ! ».

10

Du genre singulier des knacks

Pour l'édification du lecteur incrédule, versatile, pinailleur ou les *Hergeloffeni**, il nous faut maintenant définir clairement ce que nous nommons «knack». Si l'étymologie du mot réside sans conteste, comme nous l'avons suggéré plus haut, dans une transcription onomatopéique : le cri de la saucisse sous la dent du goûteur, il n'en va pas de même pour le genre de cette délicatesse.

Dit-on «un knack» ou «une knack»? Telle est la question qui divise l'Alsace tout entière, bien au-delà des clivages départementaux, politiques ou sociaux. Lors d'une soirée entre amis, interrogez-les sur ce point linguistique crucial. Bien vite, vous constaterez que votre paillarde assemblée se déclarera pour moitié favorable au masculin, pour moitié au féminin. Votre soirée sera réussie car un débat coloré et sans fin s'instaurera. Plus personne ne songera alors à évoquer ces sujets si ennuyeux tels que la fréquentation en baisse de l'aéroport d'Entzeim, les dernières déclarations philosophiques du maire de Colmar, les prix plus bas au Kaufland de Kehl, le dépit ridicule d'une ancienne ministre de siéger au Parlement européen, la zone d'influence de la Haute Société protestante, l'instauration du stationnement payant dans le quartier des Quinze, l'esthétique de la verrière de la gare, le rachat du Racing par le Crédit Mutuel ou le prolongement de l'avenue des Vosges jusqu'au Titisee. Mais nous nous égarons.

De quel genre est « knack » ? Peut-être trouverons-nous réponse dans les sciences dites molles.

Essayons tout d'abord l'approche psychanalytique. Prenez une saucisse de Strasbourg seule : vous y verrez immédiatement un symbole phallique, donc « un » knack. Mais si vous mettez deux saucisses tête-bêche, que voyez-vous dans votre inconscient lubrique ? Ce sont deux belles knacks. En conséquence, il n'y a rien à attendre de la théorie freudienne et c'est bien dommage.

Tentons maintenant de convoquer la philosophie à travers la conception platonicienne du monde. Pour ce faire, il faut disposer d'une caverne allégorique, ce qui est assez difficile à trouver dans ces temps de crise. Votre cave suffira, faute de mieux, ou alors, patientez jusqu'à la prochaine grève de l'Électricité de Strasbourg… Vous constaterez alors que l'ombre d'une knack jetée sur le fond de la grotte est « un » knack ! Plutôt que de vous perdre en conjectures sur le silence des espaces infinis et sur la représentation du réel, dites-vous que Platon n'est d'aucun secours et interrogez la philologie qui, à ce point d'incertitude métaphysique dans laquelle nous nous trouvons, pourrait nous fournir quelque explication sérieuse.

La langue allemande, cousine tyrannique de l'alsacien dialectal, peut fournir un élément de réponse : elle nomme la saucisse *« die » Würst*, donc féminin. Oui, mais l'Histoire nous enseigne que l'Alsacien a toujours pris le contre-pied du Prussien, donc *« die » Würst* devient nécessairement « un » knack… Le dilemme aurait été résolu si les Germains avaient choisi le déterminant *« das »*, mais comme le français ne connaît pas le neutre, nous ne pouvons fournir aucune réponse philologiquement sérieuse.

Il nous reste à interroger les lexicographes. Ces linguistes aux cheveux clairsemés nous donneront-ils aimable réponse ? Que nenni ! Ouvrez le dictionnaire historique de la langue française : l'entrée *knack* n'existe pas ! Maudits Français ! Mieux, feuilletez le dictionnaire Larousse à la lettre K. Vous trouverez *kiosque* (turc), *kip* (laotien), *kippa* (hébreu), *kipper* (anglais), *kiwi* (néo-zélandais) et entre *kleenex* et *knickers*, rien ! Pas de *Knack* (alsacien) ! Après cela, on s'étonnera que les Parisiens situent Niederschaefholsheim en Allemagne !

Mais il y a une réponse fulgurante à toutes ces lacunes de la Science : les knacks sont d'origine divine et nous mettons au défi quiconque en a jamais dégusté de dire le contraire. En vérité, nous pouvons chanter solennellement que les knacks, à l'instar des anges, n'ont pas de sexe et que, par conséquent, ils peuvent se dire « un » ou « une » au singulier. Cela dépendra de la sensibilité de chacun et c'est bien ainsi pour des siècles et des siècles, amen.

11

De l'anéantissement des bouchers-charcutiers et tripiers alsaciens

En ces temps de judiciarisation maladive et le principe de précaution faisant loi, l'arrêté préfectoral ne tarda point : la fabrication ainsi que la vente de knacks étaient désormais interdites sur le territoire alsacien, Bas-Rhin et Haut-Rhin. Suivait une interminable liste de mesures répressives : des contrôles inopinés et fréquents seraient effectués chez les bouchers-charcutiers, ainsi que dans toutes les charcuteries industrielles. Les gérants d'établissements récalcitrants ou faisant obstacle seraient mis en examen sur-le-champ. Les winstubs, brasseries et restaurants traditionnels feraient l'objet d'un contrôle strict de leurs réserves charcutières. Tout manquement aux consignes serait sanctionné par la fermeture immédiate de l'établissement. On fit paraître dans la presse la liste des artisans et industriels qui avaient fourni en knacks les restaurants où des empoisonnements avaient eu lieu. Il en fut de même pour les nombreux fournisseurs de la fête de la Sainte-Barbe à Breuschwickersheim.

Vous imaginez bien qu'à l'Herminette, on examina cette liste avec une attention toute particulière. Trop à sa joie revancharde, Ernest commenta tout ce qui concernait le Bas-Rhin et Strasbourg en particulier. De plus, il avait lu et relu *L'Alsace*, ce qui le confortait dans son entreprise.

– Fauther, de la rue d'Austerlitz, une des meilleures boucheries-charcuteries de la place… Il a remporté plusieurs knacks d'or à la foire-exposition, cela dépasse l'entendement… C'est bien le dernier à qui j'aurais fendu du bois sur le dos ! Hokus Porcus, ce si délicat artisan de la place du Temple, comment est-ce possible ? Ses knacks se vendent jusqu'à Périgueux où il faut être un as pour concurrencer les charcuteries locales. Floescher, un industriel, certes, mais une maison de qualité, qui a séduit Marseille, semble-t-il. C'est impossible, ce sont des professionnels strasbourgeois de haut niveau.

Content de son effet, il interpella Robert sur un ton sarcastique :

– Ça, cette dernière phrase, c'est un « plénasme », non ?

Le bouc émissaire sirotait son amer et sa vengeance. Dans sa légendaire fantaisie langagière, le brave Ernest avait oublié le « o », mais il faut dire que pour cet instinctif, le fond primait sur la forme. Et, sur le fond, il avait raison.

Robert était anéanti.

12

Comment l'Alsace devient orpheline

Les révélations des journaux ne tardèrent pas à avoir des conséquences funestes sur l'économie régionale. La suspicion était jetée sur l'ensemble de la production charcutière alsacienne : on ne produisait ni ne vendait de knacks, certes, mais même le cervelas, frère obèse de la knack, devenait suspect aux yeux des consommateurs ; toutes les sortes de saucisses à la découpe s'en trouvèrent mises à l'index : *Bluttwurscht**, *Fleischwurscht**, *Lionnerwurscht**, *Kilometerwurscht**, *Lewerwurscht**, *Bierwurscht**, *Schmirwurscht**…

Les boucheries-charcuteries de Strasbourg commencèrent à connaître les premières difficultés commerciales. Le client se faisait rare et, en conséquence, les autres productions de viande connurent une baisse qui, de mémoire d'Alsacien, n'avait d'égale que la misère des approvisionnements pendant l'Occupation. Cela ne s'arrêta pas à la capitale rhénane ; en quelques jours, ce fut toute l'Alsace bouchère qui constata méfiance et mévente. Du Sundgau à Wissembourg et de Buckenum au Ried, on fuyait les magasins de bouche, on n'achetait plus : l'Alsace devenait végétarienne, au grand dam des maîtres bouchers qui durent envisager de licencier leurs employés. Et on licencia partout !

Quelques réfractaires à l'arrêté préfectoral furent sanctionnés impitoyablement et virent leur établissement fermé d'autorité. Les fermetures administratives devinrent quotidiennes : les winstubs acoquinées à quelque artisan réfractaire qui continuait à produire des knacks furent contraintes de mettre la clé sous la porte. Les brasseries qui respectaient la loi ne furent pas en reste : la méfiance était telle qu'elles servaient leurs plats à des tables sans clients. On commença donc à licencier barmen, serveurs et cuisiniers.

Les marchands du temple qui assiégeaient les marches de la cathédrale, ainsi que les abords de la place Broglie, comprirent bien vite ce que mévente voulait dire. Le touriste se faisait rare et les quelques gogos qui reluquaient les étals clinquants avaient dans les yeux cette lueur étrange des méfiances qu'on ne peut pas verbaliser. Même les cuveaux de méchant vin chaud de Bordeaux surproduit, trop coupé d'eau et baigné d'épices éventées, ne trouvaient amateurs, quelque mordante que fût la bise rhénane. Les revendeurs de santons de Provence (on se demandait depuis belle lurette ce que diantre ils pouvaient bien faire en Alsace !) furent les premiers à remballer leurs ravis de la crèche, leurs bergers indolents et leurs rois mages dorés. Ils prirent leurs ânes et quittèrent la ville. La fête mercantile battait de l'aile. Des hectomètres de baguettes industrielles nappées sommairement de crème pasteurisée, d'oignons frelatés et de lardons artificiellement fumés croupissaient derrière des étals mal réfrigérés.

L'Alsace n'avait plus faim, l'Alsace pleurait les Noëls de jadis… L'Alsace était orpheline de ses knacks, l'Alsace souffrait.

13

Où la Lorraine relève le chef

En quelques jours, la production bouchère s'effondra. On ne comptait plus apprentis, compagnons et maîtres mis sur le pavé, sans avenir, sans espoir. Plus aucune viande ou charcuterie ne trouvait amateur. Les premières manifestations virent jour. Les écologistes en tête vilipendèrent la bouffe industrielle et l'élevage intensif, relayés par les végétariens qui voyaient dans tout cela matière à faire avancer leurs idées.

L'Alsace était revenue au temps des croisades, d'autant plus que la Lorraine proche s'éveillait. Bien vite, les professionnels lorrains comprirent l'avantage qu'ils pouvaient tirer du marasme alsacien. On s'organisa, on mit en œuvre des stratégies de production et de commercialisation souterraines. De véritables filières organisées virent le jour en peu de temps. Les maîtres bouchers d'outre-Vosges, de Bitche à Saint-Dié en passant par Phalsbourg, Abreschviller et Saales, se mirent au travail avec une ardeur décuplée, d'autant plus que ce nouveau marché illégal promettait de faramineux gains, la contrebande étant, par définition, alimentée par le travail clandestin et l'organisation de réseaux de distribution parallèles efficaces et cloisonnés.

À Abreschviller, pour citer un exemple fortuit, les deux maîtres bouchers de la place mirent en chantier chacun un nouvel atelier de fabrication, l'un au hameau de La Valette, l'autre à l'écart de Grand-Soldat. Dans ce bourg welsche, qui pratiquait pour moitié le dialecte alsacien, ces laboratoires cachés furent en état de produire en quelques heures, jour et nuit, par tournées en trois-huit. On acheta de nouvelles machines, on embaucha comme manœuvres les ouvriers de la scierie locale qui venait, victime d'un aigrefin, de fermer, ainsi que des charcutiers alsaciens en chômage. Il fallait voir et entendre ce va-et-vient des hommes affairés, ce bourdonnement des *cutters*, que nous pourrions, en bon français, appeler hachoirs. Le mélange de veau maigre et de bœuf, augmenté d'épices et d'échalotes, tournait dans ces monstres mécaniques. On y jetait de la glace à pleines poignées afin que cela ne chauffât pas inconsidérément. Puis on y ajoutait de la gorge de porc et du lard frais. Cela continuait quelques instants, la pâte obtenue changeait de teinte, de rouge carmin, elle s'éclaircissait pour devenir pâle, mais légèrement rosée, un peu comme ces anciennes roses anglaises de l'époque victorienne, qui, comme leur parfum, ont l'apparence d'un temps suranné perdu à jamais.

Une fois le moteur arrêté, l'artisan tournait à pleines brassées la pâte obtenue afin de dégazer le tout et d'éviter toute fermentation précoce et malvenue. Michel Lefaigle, à La Valette, pétrissait le mélange onctueux à pleines mains dans le ventre de la machine; on aurait dit de la pâte boulangère au sortir du pétrin. Pendant ce temps, à Grand-Soldat, Hubert Lefelden, l'autre maître boucher, soulevait de formidables brassées du mélange odorant et, dans un geste ample qui rappelait celui des danseurs, les deux mains jointes au-dessus de la tête, versait, dans un balancement latéral du corps, les poignées de matière dans le poussoir gourmand. Il puisait à pleines pognes dans les entrailles de la bête pour fourrager le gosier sans fond qui le dominait. Enfin, il fallait embosser, enfiler le boyau de mouton sur un long bec d'acier à l'extrémité de l'engin. Les knacks apparaissaient devant le garçon boucher qui manipulait les saucisses avec une délicatesse de sage-femme. Elles jaillissaient entre ses doigts comme des nouveau-nés. Parfois, le chapelet se cassait, il fallait promptement recommencer un nouveau rosaire et veiller à remplacer le boyau. La concentration des deux hommes était extrême, on se parlait peu, un signe suffisait; chacun savait ce qu'il avait à faire. Cela ressemblait à une messe et à un enfantement, à la différence que la première était païenne et le second mécanique. Il ne manquait que l'instant béni où serait posé sur le ventre du charcutier le fruit de sa création ou la présentation aux fidèles de la révélation divine de la chair faite knack. La cérémonie ne s'arrêtait pas là. Après cela, il fallait faire chevaucher les saucisses à califourchon sur de longs bâtons d'épicéa afin qu'elles séchassent, puis fumassent dans une manière de couveuse en acier. Cela se terminait par une courte cuisson et la messe était dite.

Et maintenant, il fallait organiser les filières de vente en Alsace, rapidement, car l'Allemagne à son tour, flairant le débouché commercial, décuplait sa production charcutière.

Les fabricants allemands de saucisses ou *Würste* se dirent bien vite qu'il y avait un juteux commerce à faire en Alsace. C'est ainsi que déferlèrent les campagnardes : *Bockwürst*, *Bauernwürst*; les citadines : *Nürnberg Rostbratwürst*, *Würzburger Bratwürst*, *Rostocken Bratwürst*; les régionales : *Thüringer Rostbratwürst*, *Pfälzer Bratwürst*; les exotiques : *Currywürst*, *Paprikawürst*; les pseudo-végétariennes : *Champignonwürst*, *Zwiebelwürst*, ainsi que les cousines germaines de la knack : *Berliner Schinkenknacker* et *Frankfurter Würtschen*. Nous arrêterons la liste ici car, quand on sait que l'Allemagne compte plus de mille cinq cents variétés de saucisses, il nous faudrait écrire une somme sur le sujet et ce n'est pas l'objet de ce récit. Nonobstant son ampleur, l'offensive ne fut pas un succès pour autant, les Alsaciens boudèrent les douceurs prussiennes. Ce qu'ils voulaient, c'étaient les knacks, les véritables saucisses de Strasbourg, et rien d'autre. Le lien sentimental et familial que l'Alsacien entretenait depuis l'aube des temps avec les vénérables saucisses était rompu. De la même façon qu'on ne remplace jamais tout à fait les parents d'un enfant abandonné par une famille nourricière ou l'amoureux fauché par la guerre, l'Alsace était à la fois orpheline et veuve.

14

Comment Lorrains et Souabes aboulent en filières

Il fallait donc fournir l'Alsace en manque de son emblème. À l'Herminette, c'était la désolation, Robert pestait sans fin contre la maréchaussée qui n'avançait pas dans ses enquêtes. Ernest Einschluck persistait à clamer que les knacks meurtrières étaient bas-rhinoises. *Les Dernières Nouvelles d'Alsace* se perdaient dans d'absconses conjectures sur l'origine des saucisses empoisonnées. *L'Alsace* regrettait que les Haut-Rhinois souffrissent de la légèreté sanitaire de leurs voisins du nord.

Il fallait donc, pour les saucissiers lorrains exaltés, avitailler le petit peuple rhénan en charcutailles défendues. C'est ainsi que dans la Lorraine proche, on décida de ranimer les filières de passeurs qui, lors de la dernière guerre, avaient permis à des milliers d'hommes de rejoindre la zone libre en traversant secrètement les frondaisons vosgiennes.

Les deux artisans d'Abreschviller s'unirent pour créer la filière qu'ils nommèrent « Donon Climont ». Des hommes qui connaissaient la montagne furent recrutés sans peine parmi la gent forestière locale pour livrer les knacks lorraines : bûcherons, gardes, charbonniers, grumiers et rouliers ; peu s'en fallut que ne s'associassent virils sangliers et cerfs couronnés. Il suffisait de gravir le massif du Donon en passant par la Belle Roche et le fauteuil de Saint-Quirin, puis, une fois le col atteint, de dévaler vers la vallée de la Bruche et de rejoindre le village de Ranrupt, au pied du Climont. Il se trouvait que, dans ce petit village, le chef de l'auberge du Climont, Roger Lelemké, était originaire des Baraques, écart d'Abreschviller. Une fois la marchandise réceptionnée, il n'avait aucun mal à la livrer à Strasbourg, via le col de Steige, à la petite aube, sur le parking du marché, gare de Cronenbourg, où il s'approvisionnait régulièrement en diverses denrées culinaires. En homme avisé, Roger eut tôt fait de prendre contact avec une autre filière bouchère vosgienne qui le fournissait abondamment depuis Saales.

D'autres réseaux virent le jour, les uns de Bitche, qui, par les sentiers du Falkenstein et de Wasenbourg, se chargeaient, sans grande difficulté, d'avitailler les revendeurs de Niederbronn ; les autres arrivaient, bâtés comme des baudets, de la palatine Phalsbourg, par le sombre défilé du Graufthal jusqu'à Dossenheim, où, les jours de marché, toute la basse-Alsace se pressait pour acheter sous le manteau et à prix d'or la production charcutière de ces Lorrains qu'elle commençait à trouver sympathiques. Les knacks lorraines faisaient main basse sur l'Alsace, qui commençait à vendre son âme à la Lorraine !

15

De l'implacable répression carabinière

Alerté par les rapports des Renseignements généraux, le préfet d'Alsace se trouva fort penaud de constater que la vente de knacks continuait sur le territoire de ses prérogatives. Craignant le courroux du ministre de l'Intérieur qui, lui-même, redoutait l'ire du Prince Président, que l'on disait versatile et colérique, le zélé serviteur de l'État ordonna donc que se multipliassent contrôles et surveillances aux frontières du massif vosgien. Des nuées d'argousins et de grippe-coquins furent ainsi déployées au sommet des cols, le long des chemins de douaniers, sur les sommets imberbes de la Schlucht et du Markstein, dans les hautes vallées de la Bruche, de la Sarre, de la Moder… La ligne Maginot se reconstituait, dans l'hilarité des Lorrains qui se souvenaient de l'efficacité stratégique et historique de cette entreprise autant inefficace que dispendieuse.

Les services des douanes furent mis à la peine à leur tour. Les gabelous se virent sommés de dresser leurs chiens à la détection de la saucisse interdite, car il fallait maintenant contrôler tous les véhicules venant de l'ouest par les routes vicinales et les chemins improbables. Dresser les mâtins fut chose aisée. On choisit évidemment de solides bergers alsaciens aux gènes propices à dévorer les productions charcutières rhénanes. Un laboratoire surveillé de fabrication fut installé dans les caves de la Préfecture pour fournir les maîtres-chiens en knacks. Et l'on gava les molosses de chapelets de saucisses uniquement pendant plusieurs jours. Puis on les sevra brutalement. Les chiens, en manque de la délicate chair, firent rapidement merveille et les arrestations se multiplièrent. Mais cela dura peu.

Les contrebandiers multipliaient astuces et plans fantasques pour échapper à l'engeance policière. Les membres du Club vosgien passaient la montagne, chargés comme des mules, de nuit, à ski de fond, par les chemins de grande randonnée ou par des sentes connues d'eux seuls. D'autres faisaient cheminer la précieuse marchandise jusqu'à Bâle via le territoire de Belfort, puis les flots puissants du Rhin faisaient le reste. Certains même «schlittèrent» les knacks depuis le sommet du Donon jusqu'à Schirmeck où madame Laclaudette, une libraire d'origine lorraine, les entreposait en sous-sol parmi les commandes non déballées et les retours pas encore expédiés. Cette femme fort avisée offrait, pour tout achat d'un livre, une divine saucisse qu'elle certifiait fabriquée dans les règles de l'art. La knack n'allant que par paire, elle ne vendait jamais moins de deux livres. Et aujourd'hui encore, les mauvaises langues disent que cela fit sa fortune.

D'autres tentatives connurent en revanche un sort funeste. En pleine nuit, une montgolfière s'éleva au-dessus de la clairière de Courtegain, dans les Vosges mosellanes, pour franchir les sommets du Grossmann et du Schneeberg en direction de Marmoutier. La nacelle chargée de knacks alourdissait l'aérostat et comme, en cette nuit hivernale, les courants ascendants étaient fort rares, l'aérostier ne cessa d'abandonner en chapelets sur la cime des épicéas gelés le trésor charcutier qu'il transportait. Il arriva néanmoins à bon port, mais orphelin de sa cargaison et serré aux trousses par les chiens policiers qui, ventre à terre, avaient suivi son vol tout en faisant orgie du butin tombé du ciel.

Bien vite, policiers et douaniers chargés de surveiller les passages vosgiens comprirent qu'il fallait tout vérifier, ne faire confiance à personne, fouiller tous les véhicules, explorer tous les sentiers.

Même les gens les moins soupçonnables goûtèrent au miel interdit de la contrebande. C'est ainsi que fut démantelée la filière dite de Benfeld. La maréchaussée avait bien constaté qu'un trafic important de knacks nées en Lorraine trouvait un débouché dans cette petite cité au sud de Strasbourg, mais rien ne permettait de démasquer les passeurs. Or, il se trouvait que le maire du petit hameau lorrain des Baraques, qui s'étend de la Basse du Sauvageon aux rives ombrageuses de la Sarre rouge, était originaire de Benfeld, où résidait toute sa famille. Abusant de la cocarde tricolore apposée au pare-brise de sa voiture, ce bon vivant à l'apparence austère franchit de nombreuses fois le col de Saverne, les forces de l'ordre ne jugeant pas suspect qu'un élu du peuple allât porter respect à ses vieux parents. Bien au contraire, ils éprouvaient une véritable admiration pour ce bon fils qui avait abandonné les ors de l'Alsace pour le dénuement lorrain. La rumeur disait même que certains, à chacun de ses passages, avaient une larme à la paupière. Toujours est-il qu'un matin froid de décembre, le pneu avant droit de l'antique Twingo fuchsia du maire Pascal Leromer, car il faut bien le nommer, fit la rencontre inopportune d'un vieux clou qui traînait quelque part sur la chaussée à la sortie de Danne-et-Quatre-Vents. Le pneumatique perdit son souffle, puis rendit l'âme avec lenteur jusqu'à expirer à la Fontaine d'Alsace, en léger contrebas du col de Saverne, où, par un hasard qui sied bien à ce récit, le peuple carabinier effectuait des contrôles. Les chiens affamés se ruèrent sur la roue moribonde d'où s'échappait une bouillie rose. La mort dans l'âme, on arrêta l'homme ainsi que monsieur Lyvan, le garagiste d'Abreschviller, qui avait empli les pneus de knacks, puis gonflé délicatement le tout.

16

Comment l'Alsace lentement trépasse

Cependant que la Lorraine prospérait, l'Alsace faisait face à un marasme économique et surtout social sans précédent. Dans les winstubs que maintenant les clients fuyaient, toute nourriture devenait suspecte et les licenciements allaient de plus belle.

De nombreux établissements firent rapidement faillite. Des patrons ruinés se jetaient dans l'Ill par dizaines, de préférence au pont du Corbeau, tradition oblige. Le marché de Noël était désert à présent et les hôteliers voyaient s'annuler les réservations. Et il en était ainsi dans toute cette bonne Alsace, de Colmar à Wissembourg. Le Conseil de l'Europe décida de délocaliser ses réunions à Bruxelles, ce qui augmenta encore le manque à gagner des hôtels et des restaurants. Il n'était pas un jour sans que la presse ne dévoilât de nouveaux faits catastrophiques. Maintenant, c'étaient des officiers de police qui avaient été arrêtés : ils avaient prélevé des knacks destinées au dressage des chiens ou saisies aux marches de la province pour les revendre sous le manteau et payer leurs indicateurs. De mauvaises langues bien informées laissaient entendre que ces policiers corrompus comptaient parmi leurs clients le régisseur et les cuisiniers de la Préfecture, mais cela n'avait jamais pu être prouvé…

Et puis il y eut ce qu'il convient d'appeler « l'affaire de Saverne ». Des commerçants ambulants du marché hebdomadaire de la ville furent pris la main dans le sac à « contrebander » à l'arrière de leurs étals. Emprisonnés sur-le-champ, ils furent déférés le lendemain devant le tribunal pour flagrant délit. À peine le vieux juge, O. Henry – nous tairons son prénom pour éviter toute poursuite car nous savons la gent judiciaire fort susceptible –, eut-il ouvert l'audience que la salle fut envahie par une population déchaînée. On libéra les prévenus qui coururent se réfugier dans quelque grotte mystérieuse à La Hoube, près de Dabo, comme c'est la coutume. L'auguste magistrat fut retenu en otage et ne dut son salut qu'à une violente intervention du GIGN. Saverne était sous couvre-feu, les CRS quadrillaient la ville. Plus rien n'allait, la population pleurait et la presse se déchaînait.

Éditorialistes et localiers, correspondants parisiens et pigistes affamés rivalisaient d'éloquence pour dénoncer l'incurie des enquêteurs et la sauvagerie des forces de l'ordre. Rien n'avançait, aucune piste sérieuse n'était proposée, les libertés publiques étaient menacées, l'économie alsacienne connaissait une récession historique, les chiffres du chômage explosaient, tous étaient frappés.

L'Alsace se mourait, l'Alsace était morte !

Le Prince Président, personnage éminemment atrabilaire, mais fort soucieux de flatter la *vox populi*, démit le préfet de ses fonctions et sermonna vertement le ministre de l'Intérieur, qui, pour se défendre, ne trouva pas d'autre argument que de préciser que, pour les Alsaciens, l'Intérieur n'était pas l'Alsace.

17

Dans lequel la paix sociale se retrouve en péril

À la taverne de l'Herminette, Juliette réunit sa petite troupe d'admirateurs et de galants transis. Robert Wackes, pour plaire aux yeux de la belle, se lança dans de violentes diatribes contre la force publique qui manquait d'efficacité, contre les juges qui ne savaient orienter les enquêtes, contre la presse qui organisait la panique, contre ceci, contre cela. Il se dressa contre tous, mais il menait un combat désespéré. Chrisostome Spengler échafauda de fumeuses hypothèses quant à des forces obscures venues d'Allemagne ou d'ailleurs et qui faisaient main basse sur l'Alsace. Ernest Einschluck y alla de son grain de sel perfide en précisant que l'on n'avait déploré aucun décès dans le Haut-Rhin, que toute cette misère soudaine était le résultat de la colère divine contre l'outrecuidance, la suffisance et le mépris congénital des Alsaciens du nord à l'égard de ceux du sud. De tous, il était le moins malheureux, il savourait sa revanche comme on déguste un riesling de Rangen et ne se lassait pas de répéter :

– Dans le Bas-Rhin, on ne sait pas faire un tel nectar.

Jules Dorfdoddle, qui fréquentait le monde éclairé dans le restaurant où il œuvrait, apportait chaque jour d'alarmantes nouvelles. La crise frappait toutes les activités naguère si lucratives de la société alsacienne. Les viticulteurs faisaient désormais face à une mévente vertigineuse de leurs crus. Il était envisagé de transformer en vinaigre le fruit de parcelles classées, les négociants voyaient des milliers d'hectolitres invendus encombrer leurs caves.

Plus grave encore, les choucroutiers ne parvenaient plus à écouler leurs stocks, plus personne ne daignant consommer de choucroute dans les quelques établissements qui restaient ouverts. La paix sociale elle-même était menacée : des tombereaux de choucroute furent épandus devant l'huis des sous-préfectures et des mairies, de violentes émeutes de producteurs à Krautergersheim furent réprimées dans le sang. Le jardin de la France devenait jachère.

Maintenant, c'était au tour des producteurs de viande locaux de connaître les affres de la mévente. La confiance s'était évanouie, la ménagère n'achetait plus de viande. Plus de *Baeckeofe** maternellement mariné, plus de *Schiffala** délicatement fumée, plus de *Feischkiechle** sautés, encore moins de *Lewerknefle** étuvées ; les lardons rissolés étaient suspects et les *Flammekueche* crémeuses ne trouvaient plus amateurs dans les auberges paysannes.

À Lieselheim, la Mecque de l'élevage, on ne comptait plus les faillites et les suicides. Les psychiatres et psychanalystes, seuls, profitaient de la catastrophe bouchère.

Leurs divans et cabinets furent pris d'assaut par les éleveurs, bouchers et restaurateurs désemparés. On dit que beaucoup de ces laboureurs de l'esprit durent suivre des cours intensifs d'alsacien afin qu'ils pussent entendre les plaintes de ces campagnards désespérés.

Les établissements de bouche mettant la clé sous la porte les uns après les autres, de nombreux apprentis, garçons bouchers, étalières, commerçants ambulants, serveurs et cuisiniers se retrouvèrent à battre le pavé, sans ressources, sans avenir, sans rien. Une petite partie d'entre eux écouta le chant des sirènes lorraines qui appelaient au trafic, et beaucoup se retrouvèrent en geôle. La majorité d'entre eux resta sans le sou, errant dans les faubourgs : les chiffres de la délinquance explosèrent.

Même dans les quartiers réputés huppés, le bourgeois voyait ses biens menacés. On engageait des agents de sécurité à la Robertsau, on créait des milices privées au quartier des Quinze, des rondes nocturnes étaient organisées au Tivoli et, dans les lotissements aisés de Hoenheim, d'Oberhausbergen ou d'ailleurs, on remplaçait les infâmes haies de thuyas par des pyracanthas assassins.

Les forces de l'ordre ne savaient plus où donner du gourdin. On envoyait un escadron de fiers CRS dans un quartier pillé et, en même temps, les surveillants de la maison d'arrêt de l'Elsau se mettaient en grève : avec les vagues d'arrestations, les détenus, dans des cellules bondées, se mutinaient quotidiennement. Strasbourg, la belle Rhénane, devenait une zone de non-droit.

Le chaos était partout, la loi nulle part.

18

Où il est question d'Huguette, de Roger et de Tomi

À l'Herminette, tous déploraient la lente agonie de la province éternelle, même si la presse faisait état du sursaut des organismes culturels et associatifs. La Choucrouterie organisa un gala de soutien aux bouchers avec un nouveau spectacle intitulé : *Knack das war sein letztes Wort.* Malheureusement, Roger Suffer, le meneur de revue et grand inspiré en bouffonnerie locale, avait perdu plus de quarante kilos depuis qu'il ne pouvait plus se sustenter gaillardement dans les winstubs désormais disparues. Avec le poids, il avait perdu son inspiration burlesque et paillarde ; son spectacle déprima les premiers spectateurs et, le bouche à oreille faisant le reste, la salle se retrouva vide, à l'exception de quelques Lorrains qui se payèrent le malin plaisir d'assister au naufrage de celui qui s'était naguère tant moqué d'eux. Dans un dernier sursaut d'orgueil, le baladin du Val de Villé tenta un dernier coup en débaptisant son établissement pour l'appeler La Potée lorraine, mais cela n'eut aucune incidence sur la fréquentation du spectacle, ainsi que du restaurant.

Maintenant, les Lorrains étaient partout. Enrichis, ils se faisaient de plus en plus nombreux dans les villes et les villages vignerons. On aurait dit qu'une nouvelle annexion était en marche ; cette fois, elle arrivait de l'ouest, et cela laissait les Alsaciens fort perplexes : normalement, cela aurait dû venir de l'est, mais, comme le dit D. Hoffet : « L'Alsacien ne comprend pas vite ! »

À l'instar du chantre des Géraniums, l'égérie du bon vivre et du rire alsaciens, Huguette Zweikhaus, n'échappa pas à la descente aux enfers. Amaigrie et triste, elle n'arrivait plus à remplir ses salles, elle tenait un nouveau discours empreint de nostalgie et de mélancolie. Elle entra dans une grande dépression, puis devint anorexique et les critiques des pages culturelles de la presse locale comparèrent son dernier spectacle – *Knack is pioutifoul* – à celui de la Suissesse Zouk, ce qui n'eut pas l'heur de plaire à la belle Haguenovienne que l'on dut interner après une double tentative de suicide au schnaps.

Même France 3 Alsace entra dans la danse pour soutenir la cause maintenant quasi désespérée de la vieille province. Un « knackthon » fut organisé dans l'urgence pour venir en aide aux professionnels ruinés. La plupart des artistes locaux ainsi que la gentry strasbourgeoise firent faux bond, les uns trop affectés pour faire bonne figure, les autres ayant déjà émigré à Nancy ou à Metz pour y chercher meilleure fortune. Les promesses de dons arrivèrent clairsemées et, pour la plupart, restèrent sans concrétisation : la soirée fut un échec cuisant. Un seul Alsacien, et non le moindre, tira malgré lui son épingle de ce jeu de massacre : Tomi Dursterer. Son éditeur décida de publier une anthologie des dessins, innombrables, où la knack apparaît en majesté. Le succès fut immédiat et, en quelques jours, il fallut procéder à une réédition. Dans l'Alsace entière, on découpait les icônes charcutières de l'artiste pour les encadrer et les fixer aux murs des basses demeures villageoises ; on s'arrachait ces chefs-d'œuvre évocateurs d'un âge d'or lointain, on contemplait cela comme jadis les images pieuses ou les scènes de martyres échangées lors des grandes célébrations liturgiques. La représentation de la saucisse damnée devenait l'objet d'un culte païen et l'on remontait sans vergogne à la Genèse pour évoquer le paradis perdu.

L'Alsace perdait la tête ! L'évêché de Strasbourg, inquiet, fit publier plusieurs communiqués qui appelaient les fidèles à retrouver les valeurs sempiternelles de la piété alsacienne ; il fallait cesser à présent de privilégier les nourritures terrestres au bénéfice des spirituelles. La rédaction toute jésuitique de ces recommandations sacrées fut de peu d'effet sur les nouveaux idolâtres et les vénérations hérétiques reprirent de plus belle.

L'Alsace perdait la tête, l'Alsace perdait la foi.

19

De la définition des «Paekser»*

La bonne compagnie était assemblée autour du comptoir de l'Herminette. Robert Wackes, qui finissait la lecture de l'édition du jour des *Dernières Nouvelles d'Alsace*, éclata de colère :

– Y en a marre des *Paekser*. Suffit!

Il venait de parcourir un article qui expliquait qu'une nouvelle filière avait été démasquée dans la vallée de la Bruche. Les trafiquants, qui s'apprêtaient à inonder le Val de Villé de productions illicites, avaient été confondus au col de Steige, après dénonciation par un restaurateur dialectophone de Colroy-la-Roche qui ne goûtait guère les plaisanteries faciles de ses clients qui devisaient entre eux en français roman.

Ernest Einschluck intervint :

– Oui, mais tu sais, Robert, nous, dans le Haut-Rhin, considérons les Bas-Rhinois comme des *Paekser*.

Robert était sur le point d'agresser Ernest lorsque le patron de l'auberge demanda naïvement ce que signifiait ce terme de *Paekser*.

– Ce sont ceux qui ne s'expriment pas comme nous, ceux qui parlent « pointu » et se croient supérieurs.

Ainsi, toutes les provinces de France considèrent les Parisiens comme des experts du parler « pointu », expliqua Chrisostome Spengler qui, il faut le savoir, tenait les habitants de la capitale pour la huitième plaie d'Égypte. Pour les Haut-Rhinois, les Bas-Rhinois sont des *Paekser*. De la même façon que nous sommes toujours l'imbécile de quelqu'un et que nous tenons liste de ceux qui sont idiots à nos yeux, les Bas-Rhinois ont leurs *Paekser*. À Saverne, ce sont Phalsbourgeois et Sarrebourgeois, premiers autochtones du plateau lorrain. À Villé, ce sont les habitants de la vallée de la Bruche. Dans l'Alsace bossue, du côté de Sarre-Union, ce sont les indigènes du Bitcherland et les ressortissants de Sarralbe qui sont les *Paekser*. Au cœur des forêts sombres du Bitcherland, on se moque des Sarregueminois de la même façon… et cela continue jusqu'au Luxembourg et, allez savoir, peut-être même au-delà.

Robert tonna :

– Il faut redéfinir les frontières de l'Alsace ! Mulhouse et le Sundgau devraient être rattachés à la Suisse ! Les Welsches sont traîtres à notre culture : la vallée de la Bruche et les sommets vosgiens pourraient retourner à la Lorraine, ainsi que la Krumm Elsass ; Colmar serait sous-préfecture d'un département du Rhin avec Strasbourg comme capitale ! Ainsi serions-nous bien entre nous et nous n'aurions pas les soucis que nous avons aujourd'hui !

Jules Dorfdoddle, qui venait d'arriver, fit remarquer à l'échauffé qu'il n'était pas en son pouvoir de réviser les prérogatives administratives de l'État français et encore moins de la Communauté européenne. Comme à l'habitude, cela finit en un pugilat verbal et, pour clore le tout, chacun traita l'autre de *Paekser* et de «restant de la colère de Dieu», injure typiquement welsche au demeurant.

20

Comment on essaye de faire aubaine du marasme

Pendant que tout ce petit monde s'échauffait à l'Herminette, les professionnels alsaciens tentaient de réagir. On s'organisait comme on pouvait, on essayait d'inventer des répliques. Un restaurateur de la place de la cathédrale proposa ainsi à sa carte une choucroute à la merguez, mais cela fut sans lendemain ; la choucroute au poisson, certes, mais à la merguez !

Des initiatives autant ingénieuses que mercantiles virent le jour. Des « doner-knacks » furent proposés aux gosiers frustrés des Strasbourgeois, des manières de knacks au poulet et à l'agneau mariné. Mais, cela est bien connu, les knacks ne se dégustent pas accompagnées de tomates, oignons, salade, quelle sauce ? Ce fut un échec…

Dans le Sundgau, on proposa aux gourmands des knacks à la carpe frite avec profusion de colorants car la carpe, il faut le savoir, n'a pas pour nature d'être rose.

Les bouchers-charcutiers du Piémont vosgien, qui ont l'habitude de consacrer leurs loisirs à la chasse, imaginèrent une knack au poulet et au sanglier, mais eurent mille mal à rosir la viande trop carmin de l'animal sauvage. Ils essayèrent aussi le mélange lapin-chevreuil, mais cela restait trop sec. La knack veut du porc, du veau et rien d'autre! Les écologistes alsaciens, un «plénasme», comme dirait notre cher Ernest, ne se contentèrent pas de contempler le désastre de la nourriture honnie. Ils virent même dans ce fléau un moyen de faire avancer leurs idées et de convaincre la population carnivore rhénane de devenir végétarienne. On créa donc de nouvelles recettes de knacks végétariennes : tofu, céleri, blé germé, gomasio et jus de carottes biologiques pour la couleur, ou encore patates douces, sel de Guérande, émincé de chou quintal, pousses de soja, pignons de pin et coulis de tomates de Marmande pour la teinte. Ces mélanges étaient fort goûteux, du moins au dire des adeptes de la secte végétale, mais le problème du boyau demeurait. Il était impensable d'utiliser un boyau animal, non plus qu'un boyau artificiel de l'industrie chimique soumise à la voracité du Grand Capital. Or, on ne trouva dans la nature aucun contenant qui eut l'apparence du boyau traditionnel ou d'une autre enveloppe cylindrique naturelle, si bien que l'entreprise végétarienne capota, si l'on peut s'exprimer ainsi.

Et il y eut plus… L'époque moderne dans laquelle nous vivons ou tentons de survivre n'étant pas moins formidable, il ne surprendra personne d'apprendre que les avides opérateurs d'internet mirent leur grain de sel dans l'affaire qui nous préoccupe tant. En quelques touches et retouches, «clic» et «double-clic», comme nous l'impose le sabir électronique, tout quidam habile pouvait désormais accéder à la vente de knacks « en ligne » et enchérir jusqu'à pâmoison. Sur I-baille, émanation du Grand Satan, les enchères explosèrent dès le premier jour, le gramme de knack devenant quasi once d'or ou œuf d'esturgeon. La chose donna idée aux producteurs lorrains, qui créèrent leurs propres sites : knack-forever.fr, take-a-knack-on-the-wildside.com, knackwirschtle-duu.fr, sah-ein-knack-ein-roslein-stehen.com, es-war-ein-knack.fr, ich-bin-ein-knacker.de…

Bien entendu, les autorités sanitaires et gendarmesques s'alarmèrent promptement du fait, considérant que les achats réalisés allaient cheminer par paquet postal et, de fait, créer un véritable risque pour la santé des destinataires alsaciens. Il fut donc décidé de pourvoir les agences postales en chiens détecteurs, ce qui ne fut pas sans causer de graves problèmes dans les bureaux où les canidés, sevrés de leur drogue régionale, éventraient des sacs entiers de courrier pour assouvir leur manque. On signalait même des cas où des employés qui avaient consommé des saucisses de contrebande furent agressés par les molosses. Des grèves éclatèrent et le courrier ne fut plus distribué régulièrement, ce dont profita le Prince Président pour affirmer, menton haut, que « tout c'la allait bien vite changer, qu'on allait voir c'qu'on allait voir et qu'une p'tite privatisation n'f'rait d'mal à personne ! »

21

Où raboulent fieffés Lorrains et malins Welsches

Ce matin-là, Robert finissait son petit-déjeuner, salade de museau et harengs à la crème ; il déplia *Les Dernières Nouvelles d'Alsace* et faillit s'étouffer. Le titre du journal était un alexandrin assassin : « La Lorraine s'enrichit et l'Alsace dépérit. » Il s'habilla aussitôt, ivre de fureur, et s'en fut à l'Herminette. Les autres étaient déjà là, seul Jules manquait, ils avaient lu. Il explosa :

– De quoi avons-nous l'air ? Rien n'avance ! La police ne fait rien ! Les Lorrains sont en train de nous manger la laine sur le dos ! Abomination des abominations !

Le journal expliquait ce qui se passait maintenant outre-Vosges. Cependant que l'Alsace voyait s'éloigner d'elle opulence et prospérité, les départements lorrains proches continuaient à s'organiser pour tirer profit du marasme rhénan.

À Danne-et-Quatre-Vents, juste après la côte de Saverne, on avait aménagé avec célérité un établissement tout à la gloire de la knack dédié. On l'appela « Knackland ».

D'abord installé dans une grange, on l'augmenta de pavillons de toile robuste achetés pour quelques sous à une entreprise spécialisée de Brumath qui venait de déposer le bilan. Les vergers voisins furent promptement colonisés et, en moins d'une semaine, un véritable parc d'attractions était né. Un gigantesque laboratoire de fabrication de knacks vit le jour, les clients pouvaient confectionner les saucisses regrettées qu'ils engloutissaient ensuite. Des produits dérivés fort ingénieux étaient vendus aux affamés, comme le suspensoir à knacks : un élastique circulaire et large muni de crochets au bout d'une petite ficelle et que l'on fixait au-dessus du genou ; on accrochait ensuite une demi-douzaine de saucisses qui battaient le mollet, mais restaient invisibles sous le pantalon, ce qui permettait de passer la douane sans encombres. On vendait aussi des casques de cyclotouristes dont les boudins creux étaient garnis de la précieuse marchandise.

L'inspecteur de l'Éducation nationale en charge des écoles primaires de l'arrondissement de Sarrebourg mit sur pied un parcours pédagogique pour les bambins : histoire de la knack, fabrication, cuisson, recettes et, évidemment, dégustation. Une noria d'autocars surchargés gravissait poussivement le col de Saverne tous les matins pour déverser sur le site polissons affamés, élevages de grands-pères déprimés et comités d'entreprises en goguette.

La demande était telle que le prix de la saucisse emblématique s'envola, ce qui ne fut pas sans effet sur l'activité des trafiquants locaux qui, appâtés par le gain, rivalisaient d'astuce et d'ingéniosité pour écouler leur marchandise en Alsace. Les effectifs limités de la police, de la gendarmerie et des douanes ne suffisaient plus à rendre la frontière – car il faut bien parler de frontière – étanche. Les râblés Lorrains, chargés de chapelets de cochonnaille rose et odorante, marchaient, couraient, bondissaient, nageaient, volaient et s'infiltraient en bandes paillardes jusqu'aux rives faméliques de l'Ill.

Et la plaine ployait sous le poids des barbares.
On en arrêtait dix, il en revenait cent.

En fin de semaine, les familles mosellanes et vosgiennes prirent l'habitude d'emmener leurs marmots au Saut-du-prince-Charles, au temple antique du Donon, parmi les nonnes du mont Sainte-Odile ou au sommet du Haut-Koenigsbourg afin qu'ils contemplassent, soulevés par les oreilles, la misère alsacienne. Et on en profitait pour leur dire qu'ils finiraient ainsi s'ils ne travaillaient pas bien à l'école ou désobéissaient à leurs parents.

La désolation régnait parmi les fantasques habitués de l'Herminette. Mais, dans une manière de masochisme héréditaire, on continua à commenter l'article :

– Les Welsches sont des traîtres ! Ils sont de mèche avec les vallées lorraines ! hurla Robert avant d'engloutir un double marc de gewurztraminer. La vallée de la Plaine s'est acoquinée avec celle de la Bruche, ils nous exploitent en envahissant le Val de Villé où ils doivent compter des amis. À Celles-sur-Plaine, il y a une boucherie qui affiche en vitrine : « Ici, le charcutier est Alsacien » ! Nos meilleurs artisans partent vendre leurs talents en France. Que va-t-il nous rester ? Qu'allons-nous devenir ?

Il pleurait maintenant, de rage et de dépit. Il allait continuer quand Juliette entra.

22

Dans lequel l'exquise Juliette ménage le suspense

Elle était belle, fraîche et parfumée comme une aurore vosgienne. Elle portait un ensemble fuchsia délicatement cintré à la taille qu'elle avait fine, et juste ce qu'il fallait de parures pour attirer l'œil sans toutefois paraître vulgaire. Elle traversa la salle lentement, sûre de son effet et, quoique son maquillage fût léger, son visage aux traits habituellement fins était comme figé. Elle semblait soucieuse. Robert se radoucit sur-le-champ. Il n'allait pas pleurer ou vociférer devant celle qu'il espérait tant séduire. Ernest, qui éprouvait de semblables ardeurs pour l'élégante, profita des hésitations et du trouble de Robert pour prendre la parole :

– Juliette, je…

– Ne dites plus rien, répliqua-t-elle, je sais tout, j'ai lu la presse et France Inter vient de consacrer son journal matinal à la question alsacienne. À Paris, non content de nous plaindre, on rit de nous maintenant, on fait des reportages en direct, dans les culs de vallées les plus reculées de la région et on choisit évidemment les accents les plus rugueux et les villageois les plus incapables de s'exprimer ! Il nous fallait donc cela en plus ! Non seulement nous sommes ruinés, mais, de surcroît, nous passons pour des imbéciles aux yeux de la France entière.

Elle tremblait de rage et de désespoir sans que l'on pût deviner quel sentiment dominait l'autre, puis elle tira de son sac un petit paquet rectangulaire.

– Voyez ce que mes voisins de palier m'ont offert. Ils sont Lorrains et passent leurs dimanches dans leur terrier natal, voilà tout ce qu'ils ont trouvé à m'apporter hier soir à leur retour.

Elle n'en pouvait plus de haine et d'humiliation et découvrit l'objet aux yeux de tous. C'était un produit conditionné sous vide avec l'appellation suivante : « Kitknack » et la précision : « Faites vos knacks vous-même. » Il suffisait de disposer d'un hachoir assez puissant pour rendre menues les viandes, d'ajouter les épices adéquates, puis de tout embosser dans des boyaux desséchés qu'il fallait faire tremper quelques minutes dans de l'eau tiède.

Ce fut comme une désolation, la knack traditionnelle était morte à jamais, les savoir-faire ancestraux de la vieille Alsace se voyaient dévorés par les menées diaboliques de la cuisine industrielle.

Tous étaient atterrés et tous courbaient l'échine.

Juliette, qui savait ménager ses effets, laissa quelques instants la compagnie se perdre en noires conjectures. Comme personne ne disait mot, elle ajouta :

– J'ai dîné hier soir avec Jules Dorfdoddle qui a eu l'élégance de m'inviter au *Blason de la Ville*, place Gutenberg… Elle se tut, elle savait mener son monde.

Robert faillit hurler de jalousie, Ernest mit un temps à comprendre, puis serra les dents et Claude, le patron, qui avait lui aussi quelques vues lubriques à l'égard de la veuve, cassa le godet qu'il était en train d'essuyer. Elle commanda un verre de gewurztraminer pour mieux les tenir dans sa main. Elle en sirota une gorgée avant de continuer ; plus que le vin, elle savourait de voir tous ces hommes pendus à ses lèvres.

– Vous savez que Jules fait des extras au restaurant du Haut-Koenigsbourg les samedis et les dimanches. Il s'en passe de drôles là-haut et il me semble que cela soit de la première importance.

Elle prit une autre lampée de nectar, reposa lentement son verre sur le comptoir. Son regard courut de l'un à l'autre, elle savoura longuement l'instant, soupira, puis dit :

– Malheureusement, Jules n'est sûr de rien et m'a fait jurer de ne pas révéler ses soupçons. Nous devons attendre.

Là, c'était trop. Si Jules était entré à cet instant, il aurait été mis en quartiers, écharpé, écorché vif, soumis à la question façon Moyen Âge, roué, brûlé vif, fort certainement émasculé, puis jeté dans l'Ill du pont du Corbeau proche. Juliette vida son verre, puis sortit lentement de l'auberge en lançant à la cantonade :

– Savez-vous au moins ce que fait la police ?

23

De l'Alsace qui périt par où elle a péché

Eh ! oui, « nam donc », comme on dit en Lorraine, que faisait la police, sensément ?

L'enquête continuait, on pensait bien évidemment à une bande organisée, une menée collective, mais aucune piste sérieuse n'émergeait. L'Ordre des notaires alsaciens, soucieux d'entretenir les meilleures relations possibles avec la gent judiciaire, pour des raisons que l'on ignore par ailleurs, fit savoir à icelle que Péterlé et d'autres Souabes, connus dans la capitale alsacienne pour leurs visées mercantiles, recommençaient à acheter une à une les winstubs désormais en déshérence. On s'intéressa dès lors à ce qu'il convient de nommer la filière allemande. L'on constata très vite que la production saucissonnière outre-rhinoise envahissait à présent cartes et menus alsaciens.

C'est ainsi que la rue du Maroquin, qui plonge de la cathédrale aux rives indolentes de l'Ill, se trouva baignée d'effluves teutons qui, il faut bien le reconnaître, agacèrent les papilles des indigènes déprimés, au point que l'élite intellectuelle de la ville s'en alarma et décida de réagir.

Le professeur Katzen organisa dans la grande salle de l'Aubette un débat public sur l'avenir de l'Alsace, appuyé par *Les Dernières Nouvelles d'Alsace* et avec le concours de l'éditorialiste vedette du journal, Dominique Alt. On s'enflamma, fustigea, déplora, regretta, supposa… On pleura aussi quand il s'agit de constater qu'il n'y avait point d'explication possible. Plus au sud, à Colmar, le quotidien *L'Alsace* chargea Richard Grosschmager, chroniqueur emblématique, de convoquer le ban et l'arrière-ban de la pensée haut-rhinoise afin de discourir sur le devenir de la province. Le résultat fut tout aussi décevant, avec la seule conclusion que tout cela n'était qu'enfer et damnation.

Des groupes de pression, que les « anglosaxophones » nomment *lobby*, furent constitués. Des motions d'origines diverses furent proposées lors des conseils municipaux par la Chambre d'agriculture, les confréries des viticulteurs, les producteurs de choux ruinés, les éleveurs vilipendés… Des pétitions circulaient, certaines en français, d'autres en alsacien, ce qui donna aux Welsches, qui ne lisaient ni ne comprenaient le dialecte rhénan, l'occasion de signer deux fois. Seules quelques églises intégristes refusèrent de rejoindre la vague protestataire. Et, bigarreau sur le *Schwartzwälder*, elles profitèrent de la situation pour distribuer moult libelles où il était dit en conclusion que l'Alsace mourait par où elle avait péché : le ventre.

– Il faut interdire les sectes intégristes ! hurla Robert assis au comptoir de l'Herminette, et…

– Plénasme, coupa Ernest, trop content de s'ériger une nouvelle fois en critique littéraire.

24

Comment la Lorraine honore Nicolas, son saint Patron

Puis vint la Saint-Nicolas.

Le traditionnel défilé à la gloire du saint Patron de la Lorraine, à Nancy, fut un hymne à la fierté retrouvée. Le thème avait été choisi avec malice : « La Lorraine est solidaire de la décadence alsacienne : la knack sera la reine de la fête. » Certes, mais la knack lorraine, bien entendu !

Jamais la danseuse de Stanislas n'avait connu une telle effervescence : de la rue Saint-Jean à la porte de la Craffe, en passant par la place de la Carrière et la Grand-Rue, ce n'était qu'un immense marché de la Saint-Nicolas et de Noël. Les artisans d'art, les marchands de guirlandes chinoises et de faux santons, les confectionneurs de vin chaud, les faux cuisiniers de flamms-baguettes et de pizzas frelatées, tous étaient à l'appel, tous avaient, attirés par l'appât du gain facile, fui les marchés traditionnels d'Alsace.

Pour eux, Nancy était devenue le nouvel Eldorado de la grande festivité hivernale de la chrétienté. Un malin parmi les malins lança même le vin chaud au gris de Toul et cela fit sa fortune, chauvinisme oblige. Un autre proposa, en guise de gourmandise sucrée, une *Flammekueche* à la mirabelle sur crème pâtissière et flambée à la fine éponyme. Le flambage n'étant pas toujours parfait, on rapporte que l'on vit maints marmots lorrains tituber dans les ruelles à la recherche de leurs parents indignes et la chronique précise que l'astucieuse maréchaussée nancéenne suivait l'indice des crachats épars de noyaux pour filer la piste des sacripants enivrés. On en retrouva même deux, un frère et sa petite sœur, qui venaient de la région messine, au bout de la rue Lecreulx, au-delà du parc de la Pépinière, juste avant qu'ils ne tombassent dans le canal. Le lendemain, *L'Est Républicain* titra : « Le sauvetage de Martin et Pauline. » L'article précisait avec perfidie que les deux rescapés étaient Mosellans, et non Meurthe-et-Mosellans. Mais ne soyons pas médisants à notre tour, revenons à ce fameux défilé de la Saint-Nicolas.

Les rues, comme nous l'avons déjà dit, étaient pleines d'un petit peuple joyeux et goguenard. La parade commença.

D'abord, ce fut le char dit des « bourgeois de Strasbourg ». À l'instar de l'illustre sculpture de Rodin magnifiant le sacrifice des bourgeois de Calais, la scène représentait des personnages dignes, mais accablés par leur infortune. Tous portaient un chapelet de knacks en offrande de leur capitulation.

Puis arriva le char de la « knack au gibet » : une gigantesque knack pendait au bout d'une corde, balançant de-ci de-là, comme le vent glacial variait. De jeunes gens en habit lorrain traditionnel tournoyaient autour de l'ensemble, jetant à qui était le plus prompt des knacks chaudes en réduction. Cela rencontra un grand succès. Au fur et à mesure que le char avançait, on entendait parfois parmi la foule avide un *Gottverdammi** ; c'était un Alsacien nostalgique qui avait fait le déplacement et pleurait la perte de son pays de cocagne et du fruit charcutier désormais défendu.

Une fanfare alsacienne suivait le gibet. Le chef avait le plus grand mal à discipliner ses troupes ; on n'obéissait plus à la baguette, on n'avait d'yeux que pour les miniatures offertes à la dégustation, on arrêtait de souffler dans les cuivres biscornus pour happer au passage les délices ancestrales. Cela ressemblait à une jolie pagaille, mais les spectateurs n'y virent goutte, ils pensaient que cela faisait partie de la mise en scène.

Au fur et à mesure que le défilé avançait, les constructions festives prirent un tour visiblement plus allégorique.

Sur un vaste plateau tiré par un antique tracteur, un rutilant Soméca 40 des années cinquante décoré de branches d'épicéa et de sapin noir odorant, on avait figuré des ruines de château médiéval, comme celles, fières, que l'on peut admirer sur les croupes vosgiennes dominant la plaine d'Alsace. Du haut des créneaux, de robustes figurants en habit lorrain brandissaient des bouteilles de vin gris de Toul et envoyaient à la foule de chaleureux saluts ainsi que des bergamotes en papillotes, tandis qu'au pied des remparts, on avait disposé des moules à kugelhopf brisés, des pots de Betschdorf renversés, des douves et des cerclages de tonneaux entremêlés sur un tapis de géraniums artificiels. Comme il serait cruel de décrire les attelages qui suivaient, attardons-nous sur le dernier de la cavalcade : le char de saint Nicolas. De jeunes enfants dont les habits semblaient sortir tout droit d'un album de Hansi sautillaient dans un vaste cuveau de chêne sous le regard bienveillant du saint Patron. Bizarrement, pour camper le saint homme, on n'avait pas trouvé mieux que de choisir un homme de petite taille qui, de plus, avait du mal à contenir sa nervosité ; cela en étonna plus d'un. Mais le plus surprenant était que, derrière l'évêque, se dressait la silhouette frêle d'une jeune fille portant la coiffe traditionnelle alsacienne ; elle avait les yeux bandés et le visage penché vers le sol. Elle tenait de la main droite un géranium brisé. Sur une petite estrade à sa gauche, une robuste Lorraine portant l'armure et l'étendard de Jeanne la Pucelle la toisait durement. Autour de l'ensemble virevoltait le Père Fouettard, une manière d'Ami Fritz tout de noir habillé et portant tricorne en guise de couvre-chef.

Il est inutile d'ajouter que ce fut cette scène que les reporters photographes s'empressèrent de faire parvenir à la presse alsacienne qui hurla au scandale au point que même monseigneur l'Évêque de Strasbourg trouva cela du plus mauvais goût.

Les Lorrains furent traités d'iconoclastes, d'apostats, de profanateurs, de traîtres vandaliques, de barbares vicieux et de traîne-misère revanchards, si bien qu'une escouade de CRS fut dépêchée en urgence à Danne-et-Quatre-Vents pour protéger Knackland que des esprits échauffés tentaient d'investir par la force afin de tout détruire.

25

Où Jules discourt de Taillevent, Robert des Welsches et Ernest de rhétorique

Jules Dorfdoddle avait fait savoir aux habitués de l'Herminette qu'il viendrait le soir même, une fois son service terminé. Tous l'attendaient avec impatience et la grande horloge au-dessus du bar semblait arrêtée. Il arriva. À cette heure tardive, il ne restait plus que Juliette, Robert, Ernest et Chrisostome au bar.

– Comme vous le savez, je fais des extras au restaurant du Haut-Koenigsbourg toutes les fins de semaine. Or, il se trouve qu'il y a peu, nous avons servi un groupe étrange. Ils avaient commandé un repas médiéval peu commun…

Jules, qui avait une passion pour les textes culinaires anciens, fit malicieusement durer le suspense en précisant le menu :

– *Lamproye fresche à la sauce chaulde, verjus, gingembre, canelle, girofle et graine de paradis en entrée ; paon revestu en sa peau touttez les plumes au poyvre jaunet et ouefs cuits durs, accompagné de rys engoulé, saffran et gras bouillon de buef.*

Ernest demanda une traduction française, puis alsacienne, de tout ce galimatias, mais il ne l'obtint point, ce qui lui assombrit encore l'humeur.

Jules, content de son effet, continua :

– Les uns parlaient allemand, les autres alsacien, certains flamand et, de toute évidence, ils n'avaient aucune peine à s'entendre. C'est moi qui officiais à leur table ; ils tentèrent de me parler en alsacien, mais je fis celui qui ne comprenait pas, expliquant que j'étais Parisien. Ma présence ne les gênant plus désormais, ils laissèrent aller leurs langues sans retenue. Il était question de louer la salle entière pour le soir du 26 décembre, jour de la Saint-Étienne. Le mot « knack » revenait souvent dans leur conversation et, à chaque fois, ils se tapaient gaillardement sur la panse et riaient bruyamment. Je les entendis aussi répéter qu'enfin, ils allaient se rendre maîtres de l'Alsace et puis que cela continuerait ailleurs.

– C'est bien ce que je pensais, dit Robert, ce sont des Prussiens revanchards…

– Plénasme ! coupa Ernest.

– Ça suffit, l'intello de la vallée de la Fecht ! hurla Robert qui gratifia le Haut-Rhinois d'une bourrade qui n'avait rien d'amicale.

– Calmez-vous, dit Jules, je n'ai pas fini. Une fois le service terminé et ces drôles partis, je suis allé m'enquérir auprès du maître d'hôtel de ce qui était prévu pour le jour de la Saint-Étienne. Il m'a tendu une double feuille qui décrivait avec grands détails les conditions de la fête et précisait que le prix à payer était laissé libre à l'appréciation du gérant de l'établissement.

Jules commença la lecture de la commande ; la demande de prestations était éloquente : une cinquantaine de convives était attendue, certains venant de loin, donc il fallait prévoir un hébergement dans la vallée. L'apéritif serait servi dans la salle des fêtes du deuxième étage à dix-neuf heures, quand les derniers touristes seraient partis. Avant le repas, une visite des pièces non ouvertes au public serait organisée : cabinet de travail de Guillaume II, appartement des maréchaux, chambre du capitaine des lansquenets ainsi que la première et la seconde chambre des chevaliers.

Le menu du repas était précisé avec façon de procéder pour élaborer les plats : *Brouet de verjus : Prenés vostre poulaille ou autre grain, cuisés en vin et en eaue, et verjus, et que le goust de verjus passe tout, broiés gingembre, un pou de pain deffait de vostre bouillon, et moyeux d'œufs grand foison, coullés tout ensemble, puis mettés sur votre grain, quant il sera friolé, du lard à cuire.*

Jules, devinant qu'il y avait une tempête sous le crâne d'Ernest, précisa qu'il s'agissait de recettes du XIVe siècle, vraisemblablement extraites du *Viandier* de Guillaume Tirrel dit de Taillevent. Il ajouta que ce texte n'existait qu'en trois exemplaires connus : le manuscrit du Vatican, celui de la Bibliothèque nationale et une version inconnue jusqu'au XIXe siècle, dite manuscrit d'Orléans. Il fit ensuite une brève biographie de Taillevent qui, après avoir été enfant de cuisine vers 1326, fut queux de Philippe de

Valois et de monsieur le Dauphin de Viennois. Devenu queux du duc de Normandie en 1360, puis premier queux du Roy et écuyer de cuisine de Charles VI…

– Je ne savais pas qu'on jouait déjà au billard au XIVe siècle, commenta Ernest.

Ce fut un grand éclat de rire et l'on renonça définitivement à instruire le sagouin.

Jules continua avec le mets suivant :

– Poulaille farcie : *prennés vostre poulaille et leur coupés le gavion, puis les eschaudés et plumés et gardés la pel saine, et sans refaire… Pour la farce, prennés char de mouton, de veel, de porc, du blanc des poulles, hachiées tout ensemble tout cru, puis les broiés en un mortier, et œufs tout crus, avesque fromage de gain et bonne poudre d'espices, et un pou de saffran et sallés à point ; puis emplés vos poules et recousés et, du demourant de votre farce faites en pommes aussi comme pastiaux de garde, et mettés cuire en bouillon de buef ou en eaue boulant et du saffran grant foison, et qu'ils ne boulent, qu'ils ne se dépiècent, puis les embrochiés en une broche de fer bien déliée.*

– Eh ! C'est du welsche, ça ! éructa Robert. Mon cousin, le fou malin Lebrimont qui habite à Saint-Quirin, dans la vallée de la Sarre blanche, parle comme ça. Il met toujours « dé » devant ses verbes et prononce « dè » : dèlier, dèpiécer, dèfresser, dèkaizer, dèchier, dèpisser, dètouiller… Il dit aussi broier, et quand il y a trop de neige, il fait la broiie… Ça ne m'étonne pas, les Welsches sont dans le coup, ah ! les futés Welsches !

– Oxymore !

Tout le monde se tourna avec surprise vers Ernest qui venait de parler. Personne ne comprenait et tous commençaient à s'inquiéter de la santé mentale du Haut-Rhinois. Il expliqua :

– C'est quand on utilise deux termes de sens contraire, comme « un intellectuel bas-rhinois ».

Ses yeux pétillaient. Il savourait sa revanche, il n'avait dit à personne qu'il s'était plongé dans des manuels de rhétorique depuis la fameuse histoire du pléonasme. Pour fêter son effet, il commanda une tournée générale de salades mixtes et la paix revint.

Afin de couper court à l'humiliation, Robert, qui mâchait son dentier de rage, proposa de se retrouver là le lendemain matin vers dix heures, pour l'apéritif, et de discuter des suites à donner aux propos de Jules. Et l'on se sépara.

26

Comment la bande ripailleuse de l'Herminette se retrouve au violon

Ce matin-là, donc, ce fut Jules qui prit la parole en premier :

– Hier au soir, j'ai oublié de vous dire qui sont les commanditaires du festin médiéval : c'est la CEC, Confédération européenne chrétienne ; j'ai fait des recherches ; ils me semblent un peu intégristes, mais je n'ai rien trouvé qui puisse les stigmatiser comme des activistes de l'extrême.

Juliette arriva en retard, comme à son habitude, la grâce savait comment se faire désirer. Elle avait revêtu sa plus belle toilette, elle s'avança vers le comptoir, la démarche chaloupée et lascive. Elle s'était parfumée en diablesse, ce qui eut pour effet d'assommer de désir la petite troupe de ses soupirants. Pour se donner contenance, on commanda une nouvelle tournée d'amers bières « avec » ; Juliette se contenta d'un café « sans ». Robert prit la parole et, à la fin d'une longue diatribe contre les intégrismes, conclut qu'il n'y avait qu'une solution :

– Le 26 décembre, nous investirons le Haut-Koenigsbourg pour leur demander des explications, je sais que je peux compter sur une trentaine de mes amis. Ça va chauffer !

Tous acceptèrent la proposition guerrière, à l'exception de Juliette qui suggéra d'aller d'abord en parler à la police. Cette proposition recueillit l'assentiment de tous, au grand dam de Robert qui finit par se rallier à l'idée. Il fut donc décidé de se rendre au commissariat de la rue de la Nuée-Rose, anciennement Nuée-Bleue, mais qui, à la suite de la conquête de la mairie de Strasbourg par les socialistes, avait changé de nom. Ils reprirent une tournée d'amers pour se donner du cœur à l'expédition et levèrent le camp.

Place Kléber, ils tournèrent à droite, histoire de prendre un petit réconfort au bar du Schluch, en face du Crocodile.

Midi allait sonner lorsqu'ils arrivèrent au commissariat. Robert expliqua à l'agent de service la raison de leur venue, entreprise d'autant plus difficile que tous y allaient de leurs commentaires et remarques. Robert s'énerva devant la perplexité du limier qui ne comprenait goutte à son discours.

– Mais vous ne comprenez donc rien ! Cela fait une heure que je vous explique que nous avons découvert les responsables de ce qui met l'Alsace à terre ! Voilà bien les poulagas ! hurla le fier-à-bras.

Inquiet, le planton fit appel à l'officier de service. Robert l'accueillit avec la même verve :

– On vous a engagé parce que vous avez échoué au brevet des collèges ou quoi ? J'essaie d'expliquer ce qui se passe en Alsace… et on me demande des preuves !

Se prenant pour un commissaire principal, il ajouta, rageur :

– Je vais vous faire muter à la circulation !

Puis tout alla très vite. Un essaim de fonctionnaires en uniforme aboula et menotta céans la clique outrancière. Il fut procédé sans délai à une vérification de l'alcoolémie des trublions. Toutes s'avérèrent positives, et de beaucoup, à l'exception de Juliette qui fut relâchée aussitôt, laissant ses soupirants platoniques à leur sort funeste.

– Cellule de dégrisement ! ordonna l'officier. Injure à agent des forces de l'ordre, ivresse sur la voie publique !

La rumeur strasbourgeoise narre qu'aujourd'hui encore, les murs du commissariat résonnent des injures de Robert et de ses comparses :

– Argousins ! Barbouzes ! Bourrins ! Flicards ! Peaux de vache ! Perdreaux ! Poulardins ! Tringlots ! Voie publicards ! Ripoux !!...

– *Hergeloffeni !* ajouta Ernest, car des policiers si mal élevés ne pouvaient pas être Alsaciens.

27

Où il est question de l'opération HK

Une fois rentrée chez elle, Juliette appela les gens d'influence qu'elle connaissait afin que fussent libérés ses impertinents amis. Cela ne manqua pas et, en fin d'après-midi, les infortunées victimes des forces de l'ordre se retrouvèrent à l'Herminette. Ils se désaltérèrent d'abord, car la captivité avait donné soif ; puis, après avoir une nouvelle fois vilipendé le Ministre de l'Intérieur et ses sbires arrogants, ils décidèrent d'agir sans accorder confiance à d'autres qu'eux-mêmes.

– L'Alsace part à vau-l'eau, commença Chrisostome, l'économie est exsangue, le chômage frappe toutes les familles, nous sommes la risée de la France de l'intérieur, les Lorrains nous colonisent et la police n'a pas d'autre réponse que de nous coffrer…

– Voilà mon idée, ajouta Robert, nous devons faire arrêter toute cette clique qui se réunira le 26 décembre au Haut-Koenigsbourg. Voici mon plan : Jules, qui travaille souvent au château, va nous permettre de prendre pied dans la forteresse. Ce qu'il nous faut, ce sont des preuves que la CEC cherche à nuire à l'Alsace et que ces gens sont à l'origine de l'empoisonnement des knacks. Pour obtenir ces preuves, il nous faut enregistrer leurs paroles. Toi, Chrisostome, qui es maître en sonorisation, tu trouveras bien le moyen d'y parvenir. Il faut que tu y réfléchisses. Ensuite, et puisque nous ne pouvons pas compter sur la collaboration de la maréchaussée, il nous faudra procéder nous-mêmes à l'arrestation de ces criminels. Je dis bien criminels, car je suis sûr que ce sont eux qui sont à l'origine de toutes nos misères. Maintenant, il faut trouver la marche à suivre pour les coffrer nous-mêmes.

– J'ai chez moi un 22 Long Rifle qui ferait l'affaire, proposa Ernest.

– Et peut-être aussi un pistolet à eau, non ? coupa Robert ; ils seront une cinquantaine face à nous. Non, il faut quelque chose de grand, d'héroïque, une entreprise si téméraire qu'on en parlera encore dans dix siècles. Il nous faut agir sans violence, mais avec la détermination et la fougue des grands héros antiques.

Juliette prit la parole pour faire remarquer avec beaucoup de retenue, car elle connaissait le caractère fougueux de ses amis, qu'une telle entreprise lui semblait suicidaire et qu'il valait mieux tenter d'alarmer les hommes de loi, de façon peut-être différente et certainement plus psychologique et nuancée.

– La psychologie et le sens de la nuance ne sont pas l'apanage des policiers, répondit Robert. Ils nous ont humiliés une fois, il n'y en aura pas deux. Nous allons leur montrer comment ils devraient faire leur métier.

Puis il présenta sa vision de la marche à tenir : l'opération du 26 décembre serait désormais appelée HK, pour éviter d'alerter toute oreille indiscrète qui traînerait au comptoir de l'Herminette. Chacun devait réfléchir aux différentes façons de procéder pour arrêter les criminels. Il proposa ensuite à chacun d'apporter sa solution le lendemain, ailleurs, autour d'une bonne table, à la brasserie à l'enseigne de l'Étendard, place Gutenberg.

Puis ils se chamaillèrent pour savoir qui allait raccompagner Juliette, si bien qu'ils lui firent tous aimable suite, multipliant courbettes, galanteries et bons mots.

28

Dans lequel Nikéa est failli et le Schneeberg une jungle

Le lendemain matin, on pouvait lire, sur les sucettes plantées devant les kiosques à journaux de la ville : «Nikéa victime de la crise»; ça, c'était pour *Les Dernières Nouvelles d'Alsace*; pour *L'Alsace* : «La jungle du Schneeberg.»

L'article du quotidien strasbourgeois évoquait les difficultés que rencontrait le marchand d'équipements d'intérieur scandinave dont le fructueux commerce de meubles dans la banlieue de Cronenbourg était connu de tous. Ce fabricant avait eu la malencontreuse idée de baptiser sa toute nouvelle collection de meubles : «knåk». Chacun pensait que ces placards en choucroute (vendre des meubles en choucroute à des Alsaciens, quel comble!) évoquaient trop le fléau qui ravageait sournoisement la région. Plus personne n'achetait!

L'affaire du Schneeberg, en revanche, était encore plus inquiétante. Des centaines d'Alsaciens, minés par le chômage et guettés par une précarité sans cesse croissante, déferlèrent vers la proche Lorraine afin d'y trouver des conditions de vie décente. Mais la Lorraine ne pouvait accueillir toute la misère du monde et les autorités régionales renforcèrent en hâte les contrôles sur les cols vosgiens et mosellans. Comme nous l'avons vu plus haut, les cols habituels étaient bloqués ; on ne passait plus vers l'ouest sans montrer patte blanche. Tout Alsacien qui tentait de les franchir devait fournir la preuve d'une adresse d'hébergement et d'un contrat de travail en Lorraine. Les malheureux qui ne disposaient pas de ces sésames étaient impitoyablement refoulés.

L'ingéniosité humaine étant sans bornes, les fuyards désespérés comprirent rapidement que les massifs du Schneeberg et du Grossman étaient le talon d'Achille du dispositif. Évidemment, cela n'échappa pas à la vigilance des gendarmes. Appuyés par les militaires, ils transformèrent en quelques heures la route des Russes qui va de crêtes en crêtes en un nouveau rideau de fer. Les malheureux se trouvèrent ainsi bloqués dans les clairières des fermes du Schneeberg, sur les chaumes du Grossmann ou sur les cimes du Hengst d'où l'on voit à l'ouest la Lorraine prospère.

Ne pouvant accepter l'idée d'un retour humiliant au village natal, ils caressaient le fol espoir de trouver un passeur téméraire qui leur permettrait de rejoindre ce nouvel Eldorado. Et ils erraient le ventre vide dans les sombres sapinières, dormant sous les roches, se nourrissant de faînes et se désaltérant de gouttes de rosée.

La diaspora alsacienne s'organisa aussitôt et des dons affluèrent de Paris, de New York, du monde entier, pour venir en aide à ces misérables. Une ONG fut créée dans l'urgence pour fournir tentes et nourriture, mais elle ne put rien faire contre l'ordre du ministre de l'Immigration de démanteler ces campements de fortune.

Le tollé fut gigantesque : des Français étaient expulsés de leur propre sol ! L'affaire devint nationale, les députés alsaciens vociférèrent à la Chambre, mais rien n'y fit : l'Alsace était en quarantaine et l'Alsacien une nouvelle fois apatride.

Ces nouvelles furent bien évidemment largement commentées à l'Herminette. Robert, qui n'était pas loin de penser qu'il fallait déclarer la guerre à la France, réussit à ne pas céder à ses pulsions guerrières car il avait un plan à proposer à ses amis. Mais, pour ce faire, il fallait se rendre à déjeuner.

29

Où Robert expose sa chausse-trape

La petite troupe arriva à la brasserie de l'Étendard, un des derniers établissements de la place à avoir su résister à la crise. Figurez-vous, une fois le sas d'entrée franchi, une grande salle surchauffée aux odeurs mêlées de choucroute et de *Baeckeofe* et un plafond à caissons supportés par d'énormes poutres sur corbeaux. Jusqu'à hauteur du regard, les murs étaient recouverts de boiseries en chêne clair avec une kyrielle de minuscules portemanteaux façon années cinquante. Au-dessus, des peintures à la fois réalistes et naïves, à l'éclat usé par les ans et terni par la fumée : un fier soldat d'Empire à la moustache broussailleuse levant sa chope, un couple de vieux bourgeois alsaciens, des amis attablés ; tout autour couraient des frises de fleurs de houblon et d'épis d'orge comme une ode à Gambrinus. Sur la paroi du fond, là où jadis se trouvait un vivier peuplé de truites qui attendaient, imperturbables, d'être cuites au bleu, une vaste fresque représentait, en un léger clair-obscur, le caveau de fabrication de la bière Gruber. La salle était animée et l'on pouvait entendre ici et là les paroles des serveurs qui se faufilaient rapidement entre les tables :

– *So*, vous avez choisi ?

– De toute façon, chez nous, le vin coule à flots...

– Ne vous laissez pas perturber...

– Je vous conseille notre gewurz' Kaefferkopf en apéritif...

Ils s'installèrent pour passer commande, qui d'une tête de veau, qui de *Lewerknefle*, qui de *Fleischkiechle** ... À peine assis, Ernest se sentit submergé par la nostalgie. Il n'était plus venu dans ces lieux depuis la mort de son grand-père, il y avait plusieurs décades. L'aïeul avait pour habitude d'emmener une fois par an toute la famille de Munster faire des emplettes à Strasbourg, par le train à vapeur qui lui était gratuit, étant donné qu'il avait effectué sa carrière comme chaudronnier au dépôt du chemin de fer de Colmar.

Immanquablement, ils déjeunaient alors à l'Étendard. Ernest avait toujours soupçonné le vieil homme d'y venir surtout pour une serveuse souriante qui « avait empilé du bois devant la maison » ou, comme ils disent en Lorraine, « avait une belle devanture ».

Il se souvint aussi qu'avant de reprendre le train, il fallait s'arrêter à l'Ours Blanc, une gigantesque brasserie populaire au nom prémonitoire car elle a maintenant disparu. On y dégustait une paire de knacks avec une chope de bière Météor pour tenir jusqu'à Munster. Là aussi officiaient de plantureuses nymphes tavernières...

– Comme dit, commença Robert, alors qu'il n'avait encore rien dit (les mystères de la traduction sont véritablement impénétrables), voici mon plan pour la Saint-Étienne…

– Opération HK, fit remarquer Ernest, trop content de mettre en défaut le fier-à-bras.

– Tu me coupes encore une fois et tu finis dans l'Ill !

Ernest décida de se taire, non sans penser que Robert se prenait un peu trop pour le persil de la soupe…

– Voilà donc comment nous allons agir. Jules sera en place au restaurant ce jour-là, il s'y rendra tôt afin de procéder seul à la mise en place des tablées. Chrisostome lui fournira des micros qu'il installera sous les tables. Quand le château sera encore envahi de touristes, en milieu d'après-midi, Jules nous conduira jusqu'au sommet du moulin, là où une plate-forme circulaire domine la basse-cour. Dans la cohue, personne ne nous remarquera. Une fois dans le moulin, nous installerons le matériel de réception et d'enregistrement. Chrisostome fournira également deux puissants projecteurs, cela ne pose aucun problème, il a jadis travaillé à la CUS* avec celui qui a installé le son et lumière du château et c'est un homme de confiance. Il pourra ensuite, et sans éveiller le soupçon, disposer tout autour de la forteresse des fusées de détresse rouges, j'en ai un stock que m'a fourni mon frère. Il est délégué CGT au dépôt SNCF de Schiltigheim et il est d'une grande prévoyance pour les manifs à venir. Au cas où ils s'aviseraient de privatiser les chemins de fer…

– Digression, nota Ernest, mais continue, je t'en prie, ton plan est magnifique, se reprit-il, car il se vit un instant filant entre deux eaux dans l'Ill glaciale.

Flatté, Robert ne releva pas le premier terme de la remarque et continua :

– Je vais vous expliquer maintenant comment nous allons agir une fois le repas commencé : Jules sert en salle. Chrisostome et moi sommes à l'affût sur la plate-forme du moulin, les projecteurs éteints sont braqués sur la basse-cour. Les enregistreurs tournent. Il fait nuit. Quand nous aurons enregistré les preuves irréfutables que les convives participent à un complot contre l'Alsace, nous allumerons un premier projecteur, faiblement. Ce sera le signal pour Jules. Il quittera la salle pour fermer de l'extérieur et à double tour le portail d'honneur, ce qui aura pour effet d'empêcher toute fuite de la basse-cour. Puis il courra le long des murailles et des lices pour allumer les fusées de détresse. Quand le château s'embrasera des teintes rouges de l'incendie, Ernest, qui sera en poste à Sélestat, jumelles braquées sur le nid d'aigle, préviendra les pompiers et la gendarmerie, expliquant que le Haut-Koenigsbourg est en feu. Pendant ce temps, nous allumerons les deux projecteurs de toute leur puissance et, à l'aide d'un porte-voix, je sommerai les conspirateurs de se rendre. Ils seront prisonniers de la basse-cour, nous serons en sécurité sur le moulin et, quand les forces de secours arriveront, ils n'auront plus qu'à les cueillir… et à nous gloire et renommée !

– Mais moi, je tiens à être avec vous, se hasarda Ernest. Cela ne me convient pas d'assister à tout cela depuis Sélestat. Pourquoi je n'aurais pas ma part de bravoure dans l'affaire ?

Robert répondit que cela serait ainsi, qu'il se déclarait chef de l'expédition HK et que les ordres n'étaient pas à discuter.

Ernest n'insista pas, il savait qu'il n'aurait pas le dernier mot et l'idée d'être écarté de l'action fit naître en lui le sentiment d'être une nouvelle fois méprisé et humilié.

Juliette demanda à son tour d'être associée à l'aventure, mais Robert lui expliqua que c'était là une entreprise fort dangereuse, qu'il en allait peut-être de leurs vies, que la place d'une femme de sa qualité n'était pas là, que la bravoure de leurs actes rejaillirait sur elle une fois l'affaire entendue et qu'elle serait fière de compter parmi ses proches, il faillit dire ses très proches, un homme d'une si grande témérité que Robert Wackes de la Musau.

30

Comment Ernest humilie Robert à la Coopé*

La nuit qui suivit, Robert rêva de médailles et d'honneurs. Il était reçu en grande pompe à l'hôtel de ville de Strasbourg, place Broglie, Juliette lui donnait le bras sous les vivats (qui se traduisent par «hopla!» en alsacien) d'une foule qui aurait retrouvé sa fierté et la douceur de vivre rhénane. La sonnerie du téléphone le tira de sa gloire à venir. C'était Ernest.

– Excuse-moi de te déranger si tôt, Robbes, mais ça fait plusieurs semaines que nous n'avons pas dégusté de knacks. J'ai un filon. Rendez-vous à dix heures à la Coopé de la place de la Bourse.

Robert pesta, il avait horreur qu'on l'appelât Robbes et envoya Ernest au diable, le gratifiant de ces noms d'oiseaux qui ne peuvent exister que dans l'imagination d'un poète. Il tenta de se rendormir, mais l'appel du ventre était le plus fort. Il voyait maintenant défiler devant ses yeux un bataillon de knacks chevauchant une piaffante salade de pommes de terre à la ciboulette. Il s'habilla et s'en fut en direction de la place de la Bourse par le premier tram.

Ils se retrouvèrent tous devant la Coopé. Ce n'était plus une épicerie et pas encore un supermarché, c'était ce que le sabir commercial moderne appelle une supérette. Cela faisait longtemps que Robert ne fréquentait plus ce genre de lieu, mais à la vue de l'enseigne, une marée de souvenirs le submergea. Il revit la petite Coopé, aujourd'hui disparue, de l'angle de la rue de Rathsamhausen où, enfant, sa mère l'envoyait faire les commissions.

Il se laissa aller dans le monde perdu de l'enfance ; le comptoir de chêne lui arrivait à la hauteur des yeux, les friandises étaient là : les carambars aux blagues légères, les roudoudous garnis de sucre parfumé qui brûlait la langue, les bourses en hostie dont on aspirait le contenu piquant à la paille, les malabars qui collaient les mâchoires, les batnas qui vous faisaient sauter les plombs, les mistrals gagnants roses ou verts, on ne sait plus, les tendres fraises qui coloraient les lèvres… Tout cela, c'était pour les quelques centimes que rendait l'épicière. Il y avait aussi les litres étoilés de Valcoop qui pesaient si lourd lorsqu'il fallait gravir les étages, les salades et les tomates de la Robertsau qu'on ne trouvait qu'au printemps et en été. Et puis, il y avait les timbres. Ah ! Les timbres Coop ! La commerçante en donnait à chaque fois en proportion des achats et, peu avant Noël, on collait tous les timbres de l'année sur de grandes feuilles en fonction de leur valeur. Cela se faisait le soir, en famille, le goût de la colle était immonde sur la langue, mais, à la fin, on faisait les comptes et on cherchait sur le catalogue de l'enseigne le cadeau auquel on avait droit. La mère choisissait les draps et les oreillers, le père les caisses de litres étoilés, les enfants les colis de friandises. C'était Noël avant l'heure ! Les héros ne devant pas s'assoupir dans la nostalgie, Robert reprit bien vite ses esprits, d'autant plus qu'Ernest parlait :

– Robert, tu vas au rayon boucherie et tu demandes des knacks, mais à voix basse, et tu verras que ça marche.

Le chef autoproclamé ne pouvait refuser ; il s'exécuta pendant que tous attendaient dehors. Enfin, il sortit, dépité ; il était bredouille.

– La bouchère m'a dit qu'elle ne comprenait pas de quoi je parlais…

– Allons-y ensemble, je vais essayer, dit Ernest, très sûr de lui.

Ils arrivèrent devant l'étal. Ernest, avant de parler, s'éclaircit la voix et fit « heum, heum ». L'étalière le regarda, puis dit :

– Combien ?

– Dix.

– Dans cinq minutes.

Ils firent un tour dans les rayons pour tuer le temps. Ernest ne s'arrêta pas au rayon charcuterie. À droite de l'étal se trouvait une rangée de congélateurs. Il ouvrit le premier et en sortit un paquet sur lequel il y avait un prix noté à la main. Il remplaça le paquet par la somme demandée et proposa à tous de sortir. Une fois dehors, il ouvrit l'emballage : il y avait là vingt knacks fraîches et souples.

– Et voilà le travail ! ricana-t-il en toisant Robert qui se demandait si l'Ill était loin.

Chrisostome s'étonna :

– Tu as dit dix et elle t'en a vendu vingt !

– On voit bien que tu n'as jamais acheté de knacks. Elles vont toujours par deux. Tu en commandes une, on t'en donne deux et ainsi de suite. Si tu veux une seule saucisse, on te dira que ce n'est pas possible parce qu'à la fin de la journée, il restera une knack orpheline. Les knacks c'est comme les baffes, ça va par paires !

Sur ces bonnes paroles, ils se rendirent à l'Herminette, il était l'heure de l'apéritif.

31

De quelle façon Strasbourg devient un petit Chicago

Noël approchait. L'image folklorique de l'Alsace paisible qui balaie le caniveau pendant que le *baeckeofe* cuit doucement au four, l'Alsace de la salade frisée que l'on assaisonne de Melfor et de Maggi, de la palette fumée dégustée avec condiments et raifort à la crème, tout cela s'enfuyait de la mémoire collective. Le seul livre qui connaissait encore un succès dans les librairies avait pour titre : *L'Art alsacien d'accommoder les restes*, ce qui en dit long sur la situation épicurienne de la région.

Déprimées, les ménagères renoncèrent à confectionner leurs fameux bredele : plus de *Schwowebredele**, d'*Anisbredele**, de *Butterbredele**, de *Spritzbredele**, de macarons moelleux, de meringues légères, de tuiles croquantes ou de pains d'épices parfumés ; plus rien de plus rien, on achetait au Aldi de Kehl des fabrications industrielles insipides. La chronique rapporte que des bandes d'enfants en manque de ces friandises familiales dévalisèrent de nombreuses pâtisseries pour se gaver des précieux biscuits.

Pire, Strasbourg devenait le Bronx alsacien. La justice ne contrôlait plus rien, on trafiquait partout. Des *Knackeasies*, sur le modèle des fameux *Speakeasies* des années de la prohibition à Chicago, virent le jour dans les arrière-salles ou les caves des winstubs et des brasseries qui n'avaient pas encore failli. On y échangeait les maudites saucisses contre de gros billets et on consommait aussitôt avec une avidité coupable. Les descentes de la police n'y changeaient rien, à peine fermait-on un établissement que deux autres ouvraient sur-le-champ. Un inspecteur du travail fut assassiné lors d'un contrôle, la ville était aux berges de la guerre civile. Dans les cités satellites de la capitale alsacienne, une autre guerre faisait rage : des gangs de jeunes passeurs traitaient leurs marchés à balles réelles. Les «go fast», de puissantes voitures, allaient s'approvisionner en knacks lorraines, puis dévalaient le col de Saverne à des vitesses supersoniques, les trafiquants tiraient sur quiconque voulait les arrêter. La presse n'avait pas assez de colonnes pour relater les règlements de comptes et les fusillades nocturnes, elle en oubliait même de stigmatiser le Racing qui était bon dernier de la deuxième division, ce qui donne une idée de la gravité de la situation.

La bonne Alsace mourait, attendant son sauveur,
Et priait saint Étienne d'accorder ses faveurs.

32

Dans lequel Ernest parle le latin

Le 23 décembre arriva.

Robert avait décidé que ce jour-là, ils iraient tous en expédition de reconnaissance au Haut-Koenigsbourg, jour d'autant plus favorable que Jules y travaillait en extra pour le déjeuner. Ils se retrouvèrent vers onze heures à l'Herminette. Robert leur dévoila le plan de route :

– Nous avons le temps d'arriver, donc nous emprunterons la route des vins. Première étape, Marlenheim. Nous déjeunerons chez mon ami Michel, qui tient l'auberge du Cerf. Puis Volxheim, Andlau, Epfig, avant de rejoindre le château en milieu d'après-midi, une fois le service de Jules terminé.

Quand ils entrèrent dans la cour de l'Hostellerie du Cerf, un antique relais de poste, maître Michel était affairé à filtrer, sous le regard attentif et malicieux de son père, le vin de noix de l'année. Des cuisines, au rez-de-chaussée de la vieille demeure alsacienne à colombages, parvenaient le murmure prometteur des marmites qu'on change de feu et les senteurs mélangées d'épices rares et de viandes fines qu'on rôtit. Les trépidations du monde s'étaient arrêtées à la porte du lieu, on était bien ; *heimlich**, pensa Ernest, mot intraduisible en français et c'est bien ainsi.

Robert et Michel ne s'étaient pas vus depuis des années ; les retrouvailles furent chaleureuses et pleines d'émotion. Puis ils entrèrent.

Imaginez une grande salle aux murs revêtus d'élégantes boiseries, des petites tables dressées de nappes blanches, une vaisselle rutilante et, ci et là, de petits tableaux de caricatures finement exécutées.

Ils s'installèrent dans la petite salle, au fond à droite, celle que l'on réserve aux hôtes de marque, à ceux qui demandent de la discrétion ou aux conspirateurs qui ne veulent pas être entendus. Loin de s'enquérir de l'appétit ou des goûts de chacun, Robert avait passé commande du menu la veille. Ils commencèrent par un délicat *Presskopf* * de tête de veau, dont le croustillant faillit arracher des larmes de bonheur à Juliette. Chrisostome loua, avec des trémolos dans la voix, le sylvaner vieilles vignes d'Epfig.

– Nous le regoûterons plus tard chez mon ami André, précisa Robert.

Tous s'exclamèrent lorsqu'ils virent arriver les pigeonneaux d'Alsace rôtis et les verres se remplir de costières de Nîmes Perrières. C'était comme un réveillon avant l'heure, c'était Byzance ! Le munster en chaud-froid qui suivit rencontra un égal succès, d'autant plus qu'il était accompagné d'un somptueux gewurztraminer cuvée Laurence de Kaysersberg, dont ils reprirent une petite ondée avec le dessert, un *Kugelhopf* en pain perdu aux quetsches, pour la dégustation duquel tout gastronome averti signerait le pacte de Faust sans regrets.

Ils reprirent la route vers Wolxheim.

– Nous allons faire une petite pause chez mon ami Joseph, dit Robert.

La pause dura : ils goûtèrent la cuvée des premiers frimas, puis un pinot gris Saint-Materne et un peu de riesling Altenberg, celui qui fait frétiller les papilles.

Lorsqu'ils sortirent du caveau, Juliette, qui avait grande expérience du commerce des ripailleurs, décréta qu'à présent, ce serait elle qui conduirait. Robert, Ernest et Chrisostome convinrent que cela était une décision fort sage.

Les coteaux défilèrent, offrant au regard des vignes nues. Ernest et Chrisostome somnolaient à l'arrière, mais Robert restait l'œil aux aguets.

– Andlau ! claironna-t-il, faisons une pause chez mon ami Marc !

Ils firent halte et trempèrent leurs lèvres dans des verres emplis de riesling Kastelberg, puis d'un puissant pinot gris Clos Rebberg. Ernest demanda à goûter un riesling Village « au-dessus de la loi » qu'une fois dégusté, il décida de baptiser « au-dessus des lois »... À Juliette, qui lui faisait remarquer qu'il ne fallait pas trop abuser des bonnes choses, Ernest répondit sur un ton qu'on ne lui connaissait pas :

– *Abusus non tollit usum !*

Robert pensa aussitôt à une crise de *delirium tremens* et Chrisostome à une rupture d'anévrisme.

– L'abus n'exclut pas l'usage, traduisit le joyeux Haut-Rhinois.

Ayant épuisé les manuels de rhétorique, à moins que ce ne fût l'inverse, Ernest avait décidé d'apprendre le latin, entreprise qu'il s'était bien gardé de dévoiler à ses amis. Depuis une semaine, il apprenait par cœur les locutions latines des pages roses du dictionnaire Larousse que lui avait offert jadis sa bonne ville de Munster pour le certificat d'études qu'il avait obtenu de justesse.

Quoi qu'ayant raté son calcul de pourcentage de remboursement de la Sécurité sociale en ce qui concernait les mathématiques, fait plus de fautes qu'il n'y avait de mots à la dictée et situé l'embouchure de la Loire en Hollande, le petit Ernest avait entonné, à l'épreuve de chant, une Marseillaise si convaincante que le jury, transporté de patriotisme et d'émotion, lui avait accordé la note maximale.

Robert décela dans le regard pétillant de Juliette une admiration non feinte pour les références culturelles d'Ernest et cela ne lui plut guère. Ils reprirent la route, la prochaine étape était Epfig. Ils s'arrêtèrent chez André, vigneron poète qui classait ses crus en vin de pierre, de fruit et de temps. Alors qu'ils allaient franchir la porte du caveau, Ernest annonça :

– *Nunc est bibendum !*

Robert serra les dents et des images d'exécutions sommaires défilèrent devant ses yeux.

Après un sylvaner vieilles vignes, ils s'attardèrent à déguster du riesling Munschberg qui coulait comme du miel, puis un séduisant riesling Heissenberg et terminèrent par une ondée de grains nobles de gewurztraminer. Ils durent se résoudre à quitter cette terre bachique avec de petites larmes de riesling dans les yeux.

Chrisostome, qui ne voulait pas être en reste, demanda, après quelques kilomètres, que l'on s'arrêtât à Dambach-la-Ville chez ses amis Charles et Dominique. Juliette dut effectuer quelques manœuvres scabreuses pour se garer sous le grand porche de l'étroite rue des Ours.

– Nous avons dégusté le ciel, maintenant nous allons goûter la terre, commenta Chrisostome.

Juliette apprécia le commentaire poétique. Quant à Robert…

La dégustation (Ernest préférait le néologisme de « goûtaison », preuve d'une grande « téméritude » langagière) dura longtemps : ils commencèrent par un pinot blanc Rayon de Lune, puis un puissant pinot gris Cuvée de l'Ours. Ils terminèrent par un riesling minéral Frankstein et un pinot gris de velours, grand cru de la même appellation.

Lorsqu'ils sortirent, le soleil de décembre avait mené son char au-delà de l'horizon, il faisait nuit.

Le Haut-Koenigsbourg n'était pas loin, mais dans les lacets serrés qui conduisent à la citadelle, Juliette constata le désastre qui l'entourait. À côté d'elle, Robert faisait honneur à ce qu'il est convenu d'appeler la place du mort : tête baissée, les yeux fermés, il semblait plongé dans la contemplation de ses genoux. Elle ajusta le rétroviseur.

À l'arrière, Ernest ronflait avec un sourire enfantin sur l'épaule de Chrisostome qui dormait, la joue écrasée contre la vitre.

Elle gara la voiture en contrebas du château, où Jules attendait.

– En décembre, nous fermons dès la nuit, on ne peut plus accéder au château, tout est clos, où diable avez-vous traîné ?

Juliette lui expliqua la chose. Ils tentèrent de réveiller leurs compagnons, mais en vain. Jules, trop heureux de l'aubaine, proposa à Juliette de laisser là ces conquérants avinés afin qu'ils décuvassent et de rentrer avec lui, ce qu'elle accepta non sans déplaisir.

Et depuis ce jour mémorable, on rapporte que, certains soirs d'hiver, on entend, autour de la forteresse, les grands châtaigniers se renvoyer le bruit et la fureur des insanités que proféra Robert à son réveil, lorsque l'aube déchira de ses doigts roses les brumes rhénanes.

33

De la défection couarde d'Ernest

Le 25 décembre au soir, Ernest téléphona à Robert pour lui annoncer qu'il était malade et ne pourrait se joindre à l'expédition du lendemain. Il avait contracté, expliqua-t-il, une mauvaise grippe que de peu fréquentables cochons exotiques avaient décidé de transmettre à l'homme. Et lorsque l'on sait ce qui, dans l'homme, sommeille… Robert n'en crut mot et pesta. Il décida qu'ils se passeraient du lâche, ainsi seraient-ils moins nombreux à se partager la gloire. Sans plus attendre, il convoqua Jules et Chrisostome au comptoir de l'Herminette afin de régler les derniers détails.

Chrisostome, en homme ordonné, avait tout le matériel nécessaire, les micros, les fusées éclairantes, les deux projecteurs, le porte-voix. Robert précisa le nouveau plan à Jules :

– Dès que tu auras allumé les feux, il te faudra téléphoner aux pompiers et à la gendarmerie de Sélestat, Ernest nous a fait faux bond. Ce restant de la colère de Dieu s'est dégonflé comme un mauvais soufflé. Je savais bien qu'on ne peut pas compter sur ces misérables Haut-Rhinois.

De rage, il jeta au sol son verre d'amer qu'il avait néanmoins pris soin de vider auparavant. Jules, craignant que cela ne dégénérât une nouvelle fois, prit doucement la parole :

– Ne te fais pas de souci, tout ira bien. L'absence d'Ernest n'est pas grave, d'autant qu'à lui seul, il aurait été capable de tout gâcher.

– C'est cela, ajouta Chrisostome, qu'il reste dans son lit à apprendre le latin !

Ils éclatèrent de rire et trinquèrent :

– Ernest Einschluck Caesar !

– Ave Einschluck !

C'est à ce moment que Juliette entra et demanda la raison de cette folle joie. Robert lui raconta tout, coupé par les précisions de Jules et les commentaires de Chrisostome. Juliette prit la parole :

– Cela m'étonne de ce cher Ernest…

Robert pensa qu'il y avait là un adjectif de trop, mais il sut contenir sa fureur.

– Vous ne trouvez pas, continua-t-elle, que depuis qu'il sait la rhétorique et comprend le latin, il est devenu d'exquise compagnie ?

Le barman débarrassa le comptoir de tous les verres qui y traînaient : depuis qu'il connaissait Robert, il savait ce que prudence voulait dire. Elle avait dit cela doucement, la tête légèrement penchée. Elle adressa aux trois matamores un regard d'un éclat si étrange qu'ils y virent chacun une invitation personnelle à un voyage vers le luxe, le calme et la volupté. Cela déboucha sur une joute verbale des plus homériques. Les trois hommes rivalisèrent de prévenance, de flatteries et de compliments. À l'aube du tournoi, les chevaliers tenaient cour à leur Dame et rivalisaient d'audace. Les paons faisaient la roue.

– Mais cela n'a pas d'importance, reprit-elle d'une voix décidée, je peux remplacer Ernest à Sélestat.

Ils lui expliquèrent, dans un nouvel assaut courtois, qu'elle était bien trop belle et fragile pour s'exposer à une âpre bataille contre les ruffians et qu'ils avaient trouvé parade à la défection de ce poltron, ce pleutre, ce couard, ce lâcheur d'Ernest. Robert pensa qu'il aurait été de meilleur ton d'ajouter : couille molle, enfoiré, gonzesse, jean-fesse... mais au dernier moment, il se ravisa : il ne fallait pas offusquer la belle délicate.

Lorsqu'ils se séparèrent, Juliette, les prenant par les épaules, déposa sur leur front un chaste et fugace baiser et leur souhaita bonne fortune pour le lendemain.

La nuit était noire, mais ils avaient dans les yeux toutes les étoiles du ciel.

34

Comment la fine équipe investit le Haut-Koenigsbourg

26 décembre, jour de la Saint-Étienne, le jour de gloire était arrivé.

Robert et Chrisostome quittèrent l'Herminette, où ils s'étaient donné rendez-vous à onze heures. Chrisostome, pour éviter le fiasco du voyage de reconnaissance, avait convaincu l'imprévisible Robert d'emprunter l'autoroute qui mène à Sélestat à travers les champs de maïs, de choux et de betteraves. Là, se disait-il, aucun cep de vigne, aucun village moyenâgeux aux caveaux accueillants, aucune tentation vineuse.

Tout se passa bien jusqu'à Obernai, Chrisostome conduisait.

– Nous sommes en avance, dit Robert ; nous pouvons prendre le temps de déjeuner. Si nous faisions un petit saut à Ottrott ? C'est à quelques kilomètres et j'ai faim…

– J'ai prévu quelques casse-croûte, lui répondit Chrisostome, nous nous arrêterons à la prochaine aire de repos et j'ai quelques bouteilles…

– De ? demanda Robert.

– De Carola.

C'est à cet instant que Robert tira violemment sur le levier du frein à main ; Chrisostome eut le temps, en une embardée, de se garer sur la voie d'urgence.

– Ça, jamais ! éructa l'infâme. Nous prenons la prochaine sortie vers Obernai !

La fin de sa phrase fut couverte par le vacarme des voitures qui, derrière eux, s'encastraient les unes dans les autres. Le cortège des éclopés dépassa même leur véhicule arrêté au bord de l'autoroute.

– Continue sur la bande d'urgence ! hurla Robert. La sortie est à cinq cents mètres et nous n'avons rien à faire avec ces gens qui ne savent pas conduire.

Le ton ne souffrait aucune contradiction et Chrisostome prit la bretelle vers Obernai.

– Très bien, conclut Robert, contourne la ville en direction d'Ottrott. Nous allons goûter les spécialités fines de mon ami Fritz et tu verras, cela nous donnera du cœur à l'ouvrage.

Sur le haut du bourg d'Ottrott, la rue pavée menait à une vieille demeure en pierres taillées, à l'enseigne de l'Ami Fritz.

Ils poussèrent la lourde porte d'entrée ornementée d'un délicat vitrail représentant le légendaire Kobus fumant une pipe de porcelaine.

– Fritz ! hurla Robert , Robert Wackes vient te rendre visite ! Mets tous tes marmitons aux fourneaux ! Et que ça saute !

Fritz aboula de la cuisine et tomba dans les bras de son vieux compagnon de régiment. Puis, après avoir passé quelques consignes à son second, il s'en revint au bar :

– Pinot gris pour aiguiser les sens, dit-il, et après c'est moi qui fais le menu.

Robert savait qu'il ne le regretterait pas.

Ils s'installèrent à la table du fond de salle, près d'une remarquable marqueterie de Spindler, et le maître de maison leur fit apporter, afin qu'ils patientassent, de petits pâtés lorrains chauds qui ressemblaient à des sous d'or. Il faut dire que Fritz était un de ces rares chefs alsaciens à avoir compris la philosophie de la confection des traditionnels pâtés des fêtes patronales de Lorraine.

Puis on leur servit une galette de pieds de porc aux lentilles qui fondait sous le palais, suivie d'une choucroute fermière au canard confit. Robert avait décidé, puisqu'il était à Ottrott, que tout fût accompagné du vin rouge du même nom. Et il faut bien dire que ce breuvage, servi un peu rafraîchi, transporta les aventuriers dans des cieux de plaisir. Un soufflé glacé à la vieille prune vint clore ces agapes impromptues et, lorsque Robert commanda un café « avec », Chrisostome fit preuve d'un courage que nul ne lui connaissait :

– Nous avons déjà bu deux flûtes de vin ; un café, certes, mais « sans ». Robert, dans un instant, nous devons partir. N'oublie pas la tâche héroïque qui nous attend.

Surpris par la détermination de son compère, Robert se tut, but son café et se leva. Chrisostome s'installa au volant et ils reprirent l'autoroute vers Sélestat, après avoir salué chaleureusement leur hôte. Robert sommeillait lorsqu'un violent coup de frein le précipita en avant et le réveilla. Or, Robert avait horreur d'être réveillé brutalement. Une voiturette sans permis était en train de dépasser un tracteur agricole. Sur les barres de relevage de l'engin, une caisse en bois usée était emplie de sacs plastiques sur lesquels on pouvait lire « Super U ».

– Ça y est ! brailla Robert. Nous sommes entrés dans le six-huit ! Ils font n'importe quoi ici ! Sur l'autoroute ! Ils font leurs courses en tracteur au Supru même les jours chômés ! Et la gendarmerie, elle fait le tour des caveaux de dégustation, ou quoi ?

Si Robert possédait un vocabulaire assez varié et passablement fleuri, il n'avait jamais, en revanche, su faire siennes les règles de la grammaire syntaxique. Il en allait ainsi de la forme interrogative, notamment, et parfois cela enfantait de purs diamants tels que : « On arrive quand, ou quoi ? » « Ou quoi » lui permettait de n'avoir pas à choisir entre l'inversion, l'utilisation de « est-ce que » ou simplement l'intonation. « Ou quoi ? », telle était la question.

Lorsqu'ils doublèrent le tracteur, puis la voiturette, Robert, faisant par la fenêtre ouverte des signes cabalistiques du majeur, proféra quelques compliments salés que la morale doit certainement réprouver dans le beau monde. Puis il y eut un fort ralentissement de la circulation. Robert pesta à nouveau.

Un individu au visage masqué par de grosses lunettes de motocycliste roulait à environ quarante kilomètres à l'heure, chevauchant une mobylette de couleur bleu délavé, une Motobécane vraisemblablement. Il y avait, sur le porte-bagages chromé, une énorme tronçonneuse installée en porte-à-faux et dont le guide métallique dépassait d'un demi-mètre du véhicule. En doublant le vélomoteur, Robert renouvela quelques gestes élégants de la main accompagnés de gracieusetés verbales.

– Je le disais bien, remarqua Robert, consterné, celui-là va couper son bois et ne trouve rien d'autre que d'emprunter l'autoroute ! Mais on est où, ou quoi ?

– Dans le Haut-Rhin, tu l'as dit tout à l'heure, répondit Chrisostome, fataliste.

Heureusement, la sortie était proche vers Saint-Hippolyte. Après ce petit bourg, ils attaquèrent la route sinueuse qui mène au château.

Au-dessus d'eux, l'aire prussienne narguait la plaine.

35

Dans lequel nous assistons à l'arrivée des conspirateurs au château

Dès qu'ils pénétrèrent dans la vieille forteresse par le portail d'honneur, Jules arriva et les mena discrètement vers l'escalier qui débouche sur la plate-forme du moulin de bois au-dessus de la basse-cour et de la tour d'artillerie. Comme la nuit allait tomber, Robert et Chrisostome eurent à peine le temps de vérifier que tout le matériel prévu était en place : les enregistreurs pour les micros du restaurant et de la salle des fêtes, le porte-voix, il ne restait plus qu'à fixer les deux projecteurs sur le garde-fou une fois l'obscurité venue.

Et l'attente commença.

Les derniers touristes quittaient la place lorsqu'ils installèrent les puissants projecteurs. Le calme se fit, brisé parfois par l'écho métallique des cuisines dans la maison à colombages en contrebas à gauche, où l'on s'affairait à préparer le festin du soir. Il faisait froid dans le moulin et Robert sortait souvent sur la plate-forme pour marcher et se réchauffer. Des cuisines montaient des odeurs suaves d'épices oubliées et de lourds parfums d'un autre temps. Ces effluves exquis eurent pour effet malencontreux de rappeler à Robert qu'il avait faim. Il demanda à son compagnon de lui passer un de ces casse-croûte qui avaient survécu grâce à la diversion d'Ottrott. Chrisostome les avait oubliés dans la voiture et il était, à cette heure, impossible d'aller les chercher. Ne pouvant agonir d'injures l'infortuné oublieux sous peine d'attirer l'attention, Robert se contenta de le soulever du sol en l'attrapant par le col. Alors, Chrisostome comprit ce que l'expression « regard meurtrier » voulait dire et il ne dut son salut qu'au vacarme que firent les véhicules qui se garaient au pied des remparts. Robert lâcha prise et se précipita sur la plate-forme.

De sombres berlines allemandes et d'énormes véhicules tout-terrain arrivaient au château, d'autres suivaient au loin, éclairant les futaies à mi-pente.

– C'est pas des employés de la CUS, ces gens. Que du beau monde ! commenta Robert.

Puis, du haut de leur nid d'aigle, ils virent pénétrer dans la citadelle une quarantaine de personnes par petits groupes. Une fois rassemblés dans la basse-cour, ils s'engouffrèrent sous la tour de contrôle vers la porte aux lions. Le pont-levis franchi et la cour intérieure traversée, ils gravirent l'escalier d'honneur qui donne accès à la salle des fêtes où serait servi l'apéritif.

Chrisostome fit un test du son pour s'assurer que les micros installés dans ce lieu emblématique fonctionnaient.

– Ce crétin de Jules, dit-il, a mis un micro dans une

des armures ; dès que le son y pénètre, il est prisonnier et se répercute comme autant d'échos. C'est inaudible !

Robert serra les poings et les mâchoires. Mentalement, il mit à jour son calendrier de comptes à régler une fois l'aventure terminée : Ernest pour sa lâcheté, Jules pour son incompétence technique et surtout Chrisostome, pour avoir négligé l'intendance.

– Seul, reprit Chrisostome, le micro qu'il a installé à la tribune des musiciens qui domine la salle semble bien fonctionner. Mais nous n'entendrons rien en provenance de la pièce basse.

Tout s'annonçait mal lorsqu'ils entendirent une voix forte et claire qui venait de la tribune des musiciens.

– Chers amis, voici venu…

36

Du discours édifiant d'Eselkopf

La tribune des musiciens dominait la salle des fêtes, vaste pièce rectangulaire qui avait été décorée selon la volonté de Guillaume le Deuxième, empereur de Prusse. Sur les murs et au plafond, d'immenses fresques polychromes de Léo Schnug célébraient la grandeur, mais aussi la mégalomanie, du Kaiser. C'était une suite d'hallucinantes scènes parodiques, un mélange d'archaïsme moyenâgeux et de romantisme fantastique : des combats de chevaliers, des étendards multicolores, les emblèmes impériaux – un lion et un griffon – et l'inscription en lettres gothiques : *Gott mit uns.* Ajoutez à cela quelques rappels historiques des grandes heures de la place comme le tournoi des Rathsamhausen ou le siège de 1462.

Disposées de part et d'autre de la pièce, de rutilantes armures figées dans le fer veillaient sur un lourd mobilier et d'imposantes céramiques de Nuremberg. Un énorme lustre tarabiscoté avec, entremêlé en ses branches néo-baroques, un massacre de cerf évoquant la vision de saint Hubert, éclairait l'endroit. On aurait dit une mise en scène de péplum hollywoodien avec tout le décorum factice et clinquant que cela suppose. C'était comme la mascarade grimaçante d'un règne barbare que l'Histoire avait mis un demi-siècle à abolir, dans la destruction et le sang.

– Chers amis, voici donc venu le temps de la reconquête. Voici venu le temps d'unir nos forces et de mêler le sang de la race ancienne. En ce lieu empli de la formidable rumeur des croisades légendaires rapportées par les vieilles chroniques, en ce *burg* altier qui a connu la fureur des armes, nous nous retrouvons tous pour sceller la nouvelle Alliance. L'Alliance des preux combattants de l'ordre de jadis, celle d'Hatto le Noir et d'Hugues le Loup, de Luitprand le Fier et de Chilpéric le Borgne.

L'homme qui parlait était de petite taille, mais, vu de la salle basse, il semblait de haute stature. Président fondateur du Mouvement alsacien autonome régionaliste (MAAR), il s'adressait du haut de cette dérisoire tribune à tout ce que l'Europe d'Occident comptait comme nostalgiques des valeurs du passé et autres pourfendeurs de l'humanisme multiculturel :

– Sus ! Aux infidèles et aux envahisseurs ! Sus ! Sus ! Qu'ils passent tous par l'acier des lames de Solingen, sans miséricorde ni merci ! Sainte Barbe, notre sainte tutélaire, veillera sur leurs misérables dépouilles et leurs os blanchis. Aucun remords ! Aucun pardon ! Ils n'auront point de sépulture, ils pourriront parmi les mortes feuilles des arbres et leur chair impure fécondera le sol de ces montagnes sacrées. Il est des promontoires où souffle l'Esprit, mais ici revit l'écho éternel des hauts faits d'armes de la race des élus. Les étendards d'illustres familles guerrières hantent encore ces murailles endormies. J'invoque vos lignées, vous, les Hohenstauffen, et toi, Frédéric Barberousse. Je me souviens de tes exploits, Oswald Thierstein, capitaine des lansquenets, toi qui mis à terre Charles, duc de Bourgogne, dit le Téméraire. Et vous, les orgueilleux Herzog, les Von Stauffen et Von Lothringen, combien de batailles avez-vous menées du haut de ces remparts ?

Sus ! Sus aux impies et aux profanateurs. La vieille race est de retour ! J'en appelle à vous, les Rathsamhausen, les Loewenstein, les Sickingen, les Lichtenau, les Zollern, les Nürnberg et les Habsbourg. L'heure est arrivée de relever votre mémoire glorieuse. Le tocsin sonne sur l'Alsace éternelle. Elle nous tend les bras, elle nous implore. Aussi, armés de glaives, de piques et de masses d'armes, allons-nous envahir la plaine. Nos compagnies de Reiters, de Trabans et de Chevaliers vont quitter ce donjon, sauter les créneaux, franchir le pont-levis, bondir des voûtes profondes, dépasser les guérites avancées, pour se jeter dans l'abîme et fondre sur le Rhin.

Vous êtes Reiters, Trabans et Chevaliers ! Et puis, il vous faudra dépasser le fleuve ; vous devrez porter le fer au-delà de cette frontière, pourfendre à l'est, envahir le sud, estoquer au nord et faire rendre gorge à l'ouest.

Tremblez, impies ! Les fils des fils des croisés sont revenus ! Sus ! Nous deviendrons aussi nombreux que les grains de sable des grands océans. Le tocsin sonne, mes amis, le tocsin sonne !

Ce soir, je vous exhorte à sceller la Sainte-Alliance. Du haut de ces murs chargés d'Histoire, de notre Histoire, la croisade est lancée pour la gloire de Dieu et les valeurs anciennes, apanages de la race de toujours. Nous sommes les chevaliers épiques de la restauration d'un ordre nouveau ! D'abord l'Alsace, puis l'Europe entière, tel est notre Graal !

Les temps ont commencé, les quatre cavaliers de l'Apocalypse s'avancent avec la foudre de Dieu pour accomplir leur tâche et conquérir l'Occident. Tremblez, mécréants ! Sus ! Et pas de quartiers !

L'orateur reprit son souffle. En contrebas, la salle exultait, retentissait de vivats et de bravos. Puis il reprit, plus calmement cette fois :

– Au cours du festin d'antan que nous allons partager ci-tôt, je vous expliquerai comment agir pour parfaire notre conquête. Voyez ici, l'Alsace est exsangue, elle demande de nouveaux maîtres et le rétablissement de l'ordre. Les sondages pour les élections du printemps nous prédisent vainqueurs. Vous ferez de même chez vous et dans des temps proches, vous serez, nous serons les Maîtres.

Buvons à la santé des valeureux chevaliers qui ont marqué Haut-Koenigsbourg de leurs sceaux jusque dans ses pierres ; trinquons, mes amis, à leurs glorieux faits d'armes. *Gott mit uns !* Dieu soit avec nous !

Il s'arrêta et tous l'acclamèrent. L'apéritif fut servi et la vaste pièce en contrebas s'emplit de commentaires guerriers et d'éclats de voix conquérants que les deux guetteurs ne purent comprendre du haut de leur moulin.

– Personne ne me croyait quand je disais que Jules était un sombre crétin et une brute sans cervelle, commenta Robert, qui aurait tant aimé en savoir davantage.

37

Du banquet des fils perdus de la vieille Europe

Avant de retrouver le restaurant, la troupe conspiratrice fit une rapide visite des pièces du château d'habitude non ouvertes au public : le rustique cabinet de travail de Guillaume II, l'appartement des maréchaux vide de mobilier, la chambre du capitaine des lansquenets et enfin, les première et seconde chambres des chevaliers où les vassaux prêtaient hommage lige au seigneur dominant.

Puis ils s'installèrent par petites tablées dans la salle de la maison à colombages, une vaste pièce rectangulaire au plafond de poutres soutenues par de robustes piliers. Au fond rougeoyait un âtre en grès rose sculpté ; on y voyait tourner de longues broches garnies de volailles dorées qu'un marmiton humectait régulièrement d'un mélange épais d'huile, de verjus, de graines de moutarde et d'épices. Le repas commença, dans le silence d'abord. On entendait seulement les mâchoires aller, les fourchettes piquer et les verres cliqueter lorsqu'on trinquait. Jules servait d'un air digne et détaché, mais il était aux aguets, un peu fébrile. Il espérait que les micros qu'il avait fixés sous chaque table seraient efficaces et permettraient à ses comparses de tout enregistrer.

Dans le moulin de bois, Chrisostome eut tôt fait de tout régler et bien vite, l'écho distinct des premières voix lui parvint : les enregistreurs tournaient à merveille. Il passa le casque d'écoute à Robert qui fit aussitôt remarquer que c'était un supplice inhumain d'entendre ces rumeurs d'agapes alors qu'il avait le ventre vide. De la cour montaient vers eux les effluves mélangés des plats qu'on cuisinait. Le bruit et l'odeur, c'était insoutenable. Chrisostome, qui s'attendait à être félicité pour la qualité de son matériel, reçut en récompense une bordée de reproches et d'injures qui, fort heureusement, s'envolèrent céans parmi les cimes incertaines des grands épicéas qui enserrent la forteresse. Lorsqu'il vit que son compagnon avait remis son casque sur les oreilles pour échapper à sa vindicte, Robert se calma quelque peu, tout en se promettant de régler cela plus tard.

Dans la salle, le harangueur de la tribune de musique, le président du MAAR, allait de table en table.

Il y avait là du beau monde, à vrai dire tout ce que l'Occident, dans ses grands élans démocratiques de liberté, avait enfanté de plus rétrograde, de plus réactionnaire, de plus sectaire et de moins tolérant. Ils étaient venus nombreux, ils étaient tous là ou presque.

D'abord il y avait les enfants perdus de l'Alsace, que d'improbables chimères menaient vers le populisme national, l'ethnicisme, l'islamophobie ou les nostalgies identitaires. Une tablée rassemblait d'anciens dirigeants de ligues dissoutes : Fidélité à la Patrie alsacienne, Unité radicale ou encore Elsasskorps.

Dans un coin, il était question de national-socialisme, de combattants européens et cela sentait fort de fangeux discours néo-nazis. Ailleurs, on dénonçait les magistrats qui, comme les enseignants, étaient tous de gauche et du côté des délinquants. Ici, on vilipendait le jacobinisme et l'immigration comme responsables de tous les maux de la France éternelle. Là étaient rassemblées les organisations sœurs : quelques autonomistes bretons sectaires, des catholiques intégristes de l'Europe chrétienne, une poignée de membres illuminés du Club de l'Horloge et des *boneheads* racistes du Bloc identitaire.

Et puis des représentants, qui n'avaient guère la dégaine de poètes, des groupes fascistes étrangers complétaient cette palanquée de minables. Des Flamands au teint rose du Vlamse Belang partageaient le couvert avec des *skinheads* aux tatouages éloquents de l'Heimattreue Vereiningung Deutschlands. Les nostalgiques du Freiheitliche Partei Osterreichs autrichien confrontaient leurs expériences musclées à celles de représentants de l'aile extrême de l'Union démocratique du Centre suisse. Enfin, quelques Catalans exaltés de Plataforma per Catalunya prenaient langue avec une poignée d'agités de la Ligue du Nord italienne.

On était au milieu du repas lorsque cette peu reluisante bande d'éclopés de la pensée fit silence à la demande d'Eselkopf, le président du MAAR. Avant de commencer son discours, celui-ci passa ordre que les serveurs quittassent la salle.

– Mes chers amis, commença-t-il, l'heure de la conquête est venue. Je tiens à vous expliquer l'expérience infaillible que nous, chevaliers de l'Ordre nouveau, menons ici en Alsace. La région est à feu et à sang, l'économie est exsangue, le chômage galope, le mécontentement a gagné toutes les couches de la population et il est aujourd'hui écrit que les élections à venir nous donneront le pouvoir. Voici comment procéder. Choisissez sur vos terres l'aliment emblématique et ancestral, celui qui fait la spécificité et la fierté de votre région. Trouvez ensuite dans le fichier de vos thuriféraires et sicaires ceux qui travaillent à la fabrication de cette spécialité gourmande et assurez-vous de leur totale fidélité. Il leur suffira ensuite d'injecter quelques gouttes de ce liquide dans la préparation.

Il brandissait un minuscule flacon noir.

– C'est un mélange à base de digitaline, un poison violent dont il est quasi impossible de retrouver la trace dans le corps humain et qui agit avec la célérité de la foudre. J'en ai ici quelques boîtes qui vous suffiront. Quelques minutes après ingestion, les victimes mourront par arrêt subit du cœur. Cela paraîtra suspect au bout de quelques jours, mais personne ne pourra détecter avec certitude la cause du décès. L'opinion, néanmoins, commencera à s'inquiéter et c'est là que vous infecterez un lot entier, destiné à un même lieu de consommation. L'hécatombe éclatera comme un scandale, les médias et la vox populi feront le reste et tout ira promptement. La population entière perdra valeurs et repères, l'affolement sera général, la corruption et les trafics les plus immondes auront raison du dernier des liens sociaux. Alors, tous se tourneront vers vous et vous plébisciteront afin que vous devinssiez les Maîtres.

« Pour l'Alsace, nous avons choisi la knack avec bonheur, à vous de trouver ce qui, chez vous, convient le mieux. Nous reparlerons de tout cela plus tard, car il est temps de reprendre ce festin. »

Il fit un ample geste circulaire du bras droit, la main ouverte vers la salle, et inclina la tête comme le font les artistes en fin de spectacle lorsqu'ils rendent hommage au public. Puis il s'assit, entouré d'applaudissements.

La salle bruissait de conversations enflammées. Ici, on hésitait entre l'édam et la mimolette, là entre l'emmenthal et l'appenzeller, ailleurs on comparait : la *Sachentorte* ou la *Linzertorte* ? Au fond de la pièce, on s'interrogeait : galette de sarrasin ou crêpe de froment ? Plus loin, on mesurait la popularité du *Speck* avec celle de la mortadelle ou de la mozzarella. On entendit même quelques-uns parler d'hosties ou de vin de messe, mais cela ne dura guère car il ne faut quand même point trop exagérer.

On rappela les serveurs. Jules entra le premier. Les deux bras tendus en avant, il se dirigea vers l'orateur pour lui présenter un formidable plat ovale de vieil étain sur lequel sommeillaient d'appétissants poulets de grain, dorés comme des sous neufs, entourés de légumes aux noms oubliés et délicatement ciselés. La brume légère d'un fumet d'herbes sauvages dansait au-dessus des volailles offertes.

Mais Jules n'avait pas vu qu'en se rasseyant, le président avait emporté le tapis avec les pieds de sa chaise. Il se trouva donc arrêté par l'onde tapissière, il versa en avant et, entraîné par la charge pesante qu'il menait devant lui, mêla à sa chute Eselkopf qui se retrouva sous la table avec des poulets sur l'échine et des légumes dans les oreilles.

Pour se sortir de ce mauvais pas, Eselkopf agrippa tout ce qui était à sa portée et, lorsqu'il reparut à la vue de l'assemblée, il tenait au bout des doigts un petit objet noir qu'il contemplait de façon curieuse...

38

Dans lequel rien n'advient comme prévu

– Un micro ! hurla-t-il ! On nous espionne !

Tous se mirent à explorer sous les tables et, l'un après l'autre, ils se relevèrent, brandissant le même objet noir qu'ils s'empressèrent de piétiner avec une ardeur sauvage.

– Partons d'ici au plus vite ! s'écria Eselkopf. Tous aux voitures, bonne chance à tous et à la grâce de Dieu !

Dans le moulin, Robert jeta son casque au sol.

– On n'entend plus rien, il se passe d'étranges choses là en bas, dit-il à Chrisostome.

Ils se précipitèrent sur la plateforme. Sous leurs yeux, la porte du restaurant s'ouvrit avec violence et ils virent les dîneurs, tels une meute de loups, déboucher dans la basse-cour.

– Allume les projecteurs ! brailla-t-il en direction de Chrisostome pendant qu'il empoignait le porte-voix.

Chrisostome s'exécuta sur-le-champ et la cour se retrouva baignée d'une aveuglante lumière. En bas, tous levèrent alors les yeux vers les deux puissants phares qui les éblouissaient.

– Rendez-vous ! Vous êtes cernés ! Vous n'avez aucune chance ! s'égosilla Robert dans son mégaphone.

La première balle frappa en son centre le projecteur de droite, qui explosa. Une seconde fit rendre soupir à celui de gauche, puis ce fut une pétarade d'armes de poing. Cela tirait de partout. Robert se replia prestement dans le moulin où Chrisostome s'était déjà réfugié ventre à terre.

– Ils sont armés, ces abrutis, et ils n'hésitent pas à nous tirer dessus. Cela se gâte, conclut Robert.

Le propos était d'évidence et ils ne sortirent en rampant de leur tanière que lorsque les tirs cessèrent. La basse-cour était vide maintenant ; à peine purent-ils apercevoir l'ombre des derniers fuyards passer la porte d'honneur.

– Cette andouille de Jules n'a pas fermé les portes, ils déguerpissent sans être arrêtés, ils nous échappent, nous sommes bredouilles, nous sommes ridicules, commenta Robert en se prenant la tête dans les mains.

L'entreprise tournait au désastre.

Il se rêvait gerfaut, il tombait crécerelle.

Lorsque Jules saisit que les ripailles tournaient court et que les riboteurs abandonnaient la place, il comprit aussitôt que, dans l'urgence d'une situation imprévue, il fallait choisir. S'il fermait les lourdes portes, il se retrouverait à l'intérieur de l'enceinte ou à l'extérieur. De l'intérieur, il pourrait ensuite téléphoner aux pompiers et aux forces de l'ordre, mais il lui serait impossible d'embraser les remparts. De l'extérieur, il pourrait mettre feu aux fusées de détresse, mais ne pourrait plus téléphoner. Il décida de ne pas fermer les portes et de courir avec la meute pour mettre l'incendie aux remparts de la citadelle. Cela accompli, il retournerait au restaurant pour appeler Sélestat au secours.

En contrebas des lices, on entendait le galop sonore des conspirateurs en débâcle qui regagnaient leurs véhicules. Puis on entendit l'aboiement des chiens que certains d'entre eux y avaient laissés.

Du haut du moulin, Robert et Chrisostome entendirent les moteurs démarrer et, en quelques secondes, ils aperçurent en contrebas les phares du cortège nerveux qui dévalait la montagne. Un orage grondait au loin ; Robert s'en étonna : le ciel était étoilé et le froid mordant. Mais il se dit que dans le Haut-Rhin, même la météo était lunatique.

De son côté, Jules avait allumé tous les feux et maintenant les murailles rougeoyaient. Il ne manquait plus que les hautes statues des chevaliers d'antan aux créneaux et les hordes d'assaut sous les bretèches. Il regagna aussi vite qu'il le put le restaurant pour appeler à l'aide. Les phares s'éloignaient vers la plaine. Robert, du haut de son promontoire, ne pouvait que constater l'échec de ce qui aurait dû être sa grande geste : dans peu de temps, tous ces scélérats auraient rejoint l'autoroute et se fondraient dans la nuit.

Il se rêvait héros, il finissait manant.

39

De la débandade générale

La voiture de tête était conduite par Eselkopf. À la patte d'oie, peu en dessous de la forteresse, il dévala la route forestière qui mène à Kintzheim. À la sortie d'un virage serré, il n'eut que le temps de freiner : il se trouva nez à nez avec un formidable chablis qui barrait la voie. Impossible de passer. Il fit promptement demi-tour, avertissant les autres au passage qu'il fallait revenir en arrière et emprunter le chemin en lacets qui débouche à Saint-Hippolyte, plus au sud. Revenus au carrefour, ils tournèrent à gauche avant de plonger vertigineusement vers les vignes.

Lorsque, du haut de son promontoire, Robert vit que les puissantes voitures remontaient vers eux, il se mit à trembler : pourquoi revenaient-ils ? Avaient-ils décidé de leur régler leur compte ? Après tout, ils savaient que tout venait du moulin. Il se tourna vers Chrisostome, mais celui-ci avait disparu. Furieux, il pénétra dans le moulin : personne. Alors il balaya la charpente du rayon de sa lampe torche. Il retrouva son compagnon grimaçant comme une gargouille : il avait escaladé, on ne sait comment, le poinçon de la tour, se tenait tapi entre les arbalétriers et le teint de son visage se confondait avec la couleur des ardoises derrière lui.

Eselkopf commençait à apercevoir entre les arbres dénudés les lumières de la bourgade vigneronne quand il se retrouva une nouvelle fois face à un enchevêtrement d'arbres qui obstruait le chemin. Ils étaient faits comme des rats dans une nasse. À part quelques pistes forestières détrempées et à l'issue improbable, il n'y avait plus de fuite possible. Il fallait retourner au château et livrer combat. Les scènes de batailles imaginées là-haut par Léo Schnug lui revinrent en mémoire et cela lui donna du courage, il serait le dernier des chevaliers brigands à hanter ces lieux et il entrerait dans la légende.

Il coupa le moteur de son véhicule pour s'entretenir de la suite des événements avec ses comparses. Le silence se fit, puis ils entendirent au loin la stridence des sirènes et aperçurent l'éclat encore faible des gyrophares bleutés qui montaient vers eux. Puis, au-dessus d'eux résonna, tel le tonnerre de l'Apocalypse, le fracas des grands arbres qu'on abat. On entendait d'abord le sifflement des branches qui giflent le vent, puis le craquement sec du bois gelé qui écrase le sol.

– On nous coupe toute retraite vers le Haut-Koenigsbourg ! s'exclama Eselkopf, d'une voix mal assurée. Dispersons-nous, c'est le meilleur moyen d'en sortir. Maintenant, c'est chacun pour soi ; si vous engagez vos véhicules dans les chemins de débardage, vous serez tôt embourbés, fuyez à pied. Dieu vous protège !

Comme une armée en déroute, ils se dispersèrent dans la nuit, les uns avec leur véhicule, les autres en courant. Celui-ci comptait sur le flair de son chien, celui-là sur la puissance de feu de son arme de poing. Les plus téméraires allèrent jusqu'aux arbres en travers de la route et abandonnèrent là leurs automobiles. Ils n'avaient qu'un but : filer à pied à travers la barrière végétale, puis courir dans le ravin jusqu'à Kintzheim où ils pourraient trouver provisoirement refuge. Or, quand ils arrivèrent aux arbres couchés, les camions des pompiers claironnaient déjà de l'autre côté. Affolés, les fugitifs commencèrent à tirer au jugé vers les feux qui les aveuglaient ; ils se servaient des arbres abattus comme d'une barricade.

La gendarmerie alertée par les pompiers arriva céans et un terrible échange de coups de feu s'en suivit, qui dispersa bien vite les insurgés dans les bois environnants. Les impétrants maîtres du monde fuyaient sous les ramées comme une craintive compagnie de perdreaux devant des chiens gourmands.

Et, sous les hêtres nus, la chasse commença.

40

Comment Ernest nous impose un retour en arrière

Strasbourg, jour de la Saint-Étienne, sept heures du matin ; il n'est pas de bonnes histoires sans retour en arrière.

Dans le sous-sol poussiéreux de son immeuble, Ernest Einschluck était déjà à l'ouvrage. Il avait posé sur le vieil établi poisseux sa vétuste tronçonneuse, une antédiluvienne Stihl 041 orange et grise, guide de 45. D'abord il monta une nouvelle chaîne, une Orégon, puis il prépara le carburant, du mélange 3 % pour ne pas trop encombrer le moteur et emplit le réservoir de graissage d'huile filante. Il poussa le bouton de contact vers le haut, enclencha le starter et tira d'un geste brusque sur la cordelette de démarrage. L'engin pétarada aussitôt. Il alla dans la chaufferie juste à côté chercher le seul moyen de locomotion qui lui restait autorisé depuis que la faune policière, de connivence avec l'engeance judiciaire, avait décidé unilatéralement de lui retirer son permis de conduire : une antique Motobécane Mobymatic bleue AV88 avec variateur automatique de vitesse, selle biplace en skaï noir, porte-bagages extensible chromé et sacoches profilées à franges bleu pétrole.

Il fixa la tronçonneuse en travers du porte-bagages, emplit les sacoches d'un bidon supplémentaire de carburant, d'un merlin à la tête passablement émoussée, de coins d'abattage en plastique dur, d'une lampe frontale et de quelques canettes de bière.

Tout était prêt ; il remonta chez lui quérir ce qui lui tiendrait lieu de casse-croûte : deux cervelas, une demi-livre de fromage de tête, un jambonneau cuit, une langue de porc en gelée, trois tranches de palette fumée froide, une mignonnette de raifort pour les légumes et une miche de pain.

Il enfourna le tout dans son *rucksack* et partit, chaussé, si l'on peut dire ainsi, d'un casque intégral flambant neuf à la visière fumée, car Ernest n'était pas regardant sur la sécurité.

Il emprunta d'abord les routes départementales, mais cela rallongeait le chemin, alors il décida de se diriger vers la voie rapide qui prend le nom d'autoroute à la hauteur d'Obernai. Il aperçut Sélestat à sa gauche, puis le panneau « Haut-Koenigsbourg, prochaine sortie ». Il ne sortirait pas là, il irait jusqu'à Saint-Hyppolite pour respirer les parfums du Haut-Rhin et immédiatement, l'air lui parut plus pur. Il ne fit pas attention aux passagers d'une voiture qui, le doublant en klaxonnant, lui faisaient, par les fenêtres ouvertes, des gestes obscènes. Il sortit en direction de Saint-Hyppolite et se mit à gravir poussivement les premières rampes qui s'engagent dans la forêt vers le château. Puis il s'arrêta à mi-pente et fit une pause pour se restaurer des délicates choses qu'il avait emportées avec lui. Il en profita pour faire le point : ce vantard de Robert allait certainement être dépassé par la situation, Chrisostome manquait de courage, donc Jules risquait de se trouver bien vite dans une situation délicate.

Ernest, sans le savoir, possédait cette sorte d'intelligence instinctive qu'on ne cultive pas dans les écoles ou si peu. Les conjurés fuiraient à coup sûr, il savait comment les arrêter. Il fallait, la nuit venue et les derniers touristes partis, bloquer toute fuite par les deux seules routes qui vont à la plaine. Puis, plus haut, couper toute retraite vers la forteresse afin d'isoler ce beau monde et le laisser livré à lui-même dans la nuit hivernale, sur des chemins sans issue. Les forces de l'ordre feraient le reste. Tel était le plan d'Ernest.

Maintenant, il avait trois chantiers à préparer. L'endroit où il venait de s'arrêter convenait fort bien pour empêcher l'accès à Saint-Hyppolite. Il gravit le talus boueux, tronçonneuse en main, et commença à toiser les arbres. Il rejeta l'éventualité d'abattre des chênes, ce ne sont pas des arbres ligneux et parfois ils sont vicieux à la coupe. Un peu plus haut, il découvrit un groupe d'épicéas robustes et quelques bouquets de châtaigniers élancés. Ces beaux bois de ligne feraient l'affaire : il prépara le cran d'abattage face à la route, puis, à l'opposé, amorça le trait de coupe. Il laissa le chantier en attente. Il finirait le tout une fois la nuit tombée. Il regarda le ciel en priant que le vent ne se levât point.

Reprenant son engin pétaradant, il procéda de la même façon pour la route qui descend vers Kintzheim ainsi que celle qui mène au château, juste au-dessus d'un restaurant à l'abandon.

Tout était prêt maintenant, il s'accorda une petite sieste dans une clairière baignée du soleil horizontal d'hiver, non sans avoir préparé un tas de branchages de sapins pour refuge le cas échéant.

– On n'est jamais trop prudent, se dit-il.

L'attente commença, puis la nuit envahit les futaies. Les derniers visiteurs du château fort avaient regagné la plaine quand Ernest vit le lent cortège de berlines qui montaient vers le *Burg*.

– Encore une heure d'attente, se dit-il, après, plus personne ne passera.

Vers vingt heures, il décida d'agir. Éclairé par le faisceau de sa lampe frontale, il abattit les arbres qui devaient empêcher la fuite vers les villages. Le fracas de la chute des conifères givrés et des feuillus dépouillés résonna dans la vallée comme autant de coups de tonnerre, houppiers et fûts barraient maintenant les deux descentes en un formidable enchevêtrement végétal. Il remonta vers le troisième chantier, juste en dessous de la forteresse, celui qui devait empêcher tout retour en arrière.

Maintenant, il fallait patienter encore. Tout était calme là-haut, le château semblait dormir. Ernest décida de dîner ; bien vite, il se trouva à court de nourriture et pesta contre son imprévoyance.

Il était occupé à se délester du trop-plein de la boisson, le nez dans les étoiles, au pied d'un chêne tourmenté, lorsqu'il entendit là-haut les premiers coups de feu. Il rengaina promptement l'objet de son soulagement et dit :

– Hopla ! Je vais leur lâcher un coup à ces types. Qu'ils viennent seulement ! *Audaces fortuna juvat !*

Ernest retrouvait son latin ! Lorsque les détonations cessèrent et qu'il entendit les moteurs démarrer, il se dirigea vers les arbres qu'il avait condamnés. Un instant, il eut une pensée pour ses amis là-haut, espérant qu'ils n'eussent pas pris de mauvais coups, mais ce n'était pas le moment de s'attendrir.

La meute mécanique, tous feux allumés, dévala devant ses yeux : on aurait dit une épreuve spéciale de rallye. Une fois le cortège hurlant passé, il empoigna sa tronçonneuse et accomplit ce qui restait à faire : le troisième abattage.

À peine avait-il terminé qu'il vit les phares remonter, redescendre plus loin, puis gravir à nouveau la côte. Les moteurs s'arrêtèrent, puis cela repartit dans tous les sens, on aurait dit ces mouches qui, prises entre la vitre et le rideau, s'épuisent à trouver une issue impossible, à la seule différence que les insectes volants ne savent pas qu'ils sont irrémédiablement condamnés.

Lorsqu'il aperçut l'éclat saccadé des gyrophares et entendit les échos de la fusillade dans la côte, il comprit que tout allait vite finir.

– *Ite missa est !* conclut-il.

Il n'avait pas lu cela dans les pages roses du dictionnaire ; il se souvenait qu'enfant, il avait été servant de messe, à une époque où la messe se disait en latin pour la plus grande confusion des ouailles, mais que cela sonnait l'heure d'aller s'esbaudir avec les filles dans les prairies fleuries autour de l'église. Il était entièrement envahi par la nostalgie de ces émois juvéniles quand il entendit près de lui un halètement rauque qui n'avait rien d'érotique. Il se retourna et découvrit, dans la lueur faible de sa lampe, un chien qui grognait sauvagement. C'était une sorte de croisement entre un doberman et un pitbull, haut sur pattes, avec une mâchoire d'acier. Il démarra la tronçonneuse, le fauve s'élança d'un bond. Ernest, qui n'avait pas perdu sa souplesse de jeune homme malgré l'abus caractérisé d'amers bières et de plats mijotés au saindoux, fit, les genoux ployés, un preste mouvement circulaire, l'engin à bout de bras. Le molosse retomba à terre et se trouva fort marri de constater qu'en guise de pattes arrière, il ne lui restait plus que deux gigots raccourcis. Il se vida de son sang en implorant les mânes des loups tutélaires du Nideck, ses lointains ancêtres, de lui réserver une place au paradis des chiens.

Ernest entendit des hommes courir dans la nuit, aussi se réfugia-t-il sur-le-champ sous l'amas de branchages d'épicéas qu'il avait préparé. Il y resta tapi toute la nuit, retenant son souffle et tremblant de froid. Il s'endormit peu avant l'aube et rêva de chapelets de knacks roses, de tiède salade de pommes de terre et du sourire de Juliette.

41

De la chasse à l'homme dans les futaies haut-rhinoises

Cependant qu'Ernest grelottait dans sa tanière parmi les odeurs de résine et de feuilles flétries, une chasse à l'homme impitoyable avait commencé sur les flancs de la montagne. Le préfet, alerté dès les premières escarmouches, manda sans délai les forces d'intervention spéciales de la gendarmerie ainsi que quelques militaires. Des escadrons d'hommes puissamment armés, prompts à la course et à l'escalade, se déployèrent ainsi tout autour du promontoire que domine le vieux château. Un hélicoptère appelé en renfort éclairait les frondaisons décharnées de ses puissants projecteurs aveuglants. Ce n'était plus une chasse à l'homme, c'était un safari.

La plupart des fuyards se rendit avec promptitude et sans riposter. Quelques-uns tentèrent de fuir vers l'ouest pour rejoindre Liepvre, mais, là aussi, les gendarmes veillaient. Certains furent arrêtés, exténués, près du Hanenberg; d'autres, qui se terraient dans les ruines médiévales de la volerie des aigles, furent bien vite débusqués. On mit fin à la fuite des derniers dans les pentes du Schaentzel. Le jour se leva sur une montagne maintenant silencieuse. À peine entendait-on ci et là grésiller des postes de transmission, démarrer un véhicule couleur de camouflage ou s'interpeller des groupes d'hommes en armes qui s'en revenaient avec leurs captures. Lorsque le soleil parut en beauté au-dessus des cimes de la Forêt-Noire, Ernest sortit de sa bauge et s'ébroua tel un vieux solitaire mal réveillé. Négligeant tronçonneuse et mobylette, il entreprit de descendre à pied la route vers Kintzheim. Il n'avait pas remarqué qu'il était couvert du sang du molosse qu'il avait occis et marchait alertement vers son triomphe quand il se retrouva plaqué au sol par une demi-douzaine de mains inamicales qui lui vrillèrent les bras dans le dos et lui serrèrent le cou jusqu'à l'asphyxier. Il perdit connaissance.

– Chef ! Nous avons trouvé le meneur de la bande ! Le plus sanguinaire ! La preuve, il est couvert de sang. C'est lui qui a dû blesser le jeune gendarme au barrage du bas.

Lorsqu'il revint à lui, Ernest tenta de s'expliquer, mais en vain. On allait le mener vers un fourgon cellulaire lorsqu'il parla de la tronçonneuse, du chien, de la mobylette. Il fut emmené sur les lieux, puis il expliqua ce qui s'était tramé là-haut dans la forteresse, qui s'y trouvait encore et comment il avait occupé sa journée ; il donna les noms de ses compagnons.

Les gendarmes se rendirent en sa compagnie dans la place forte pour vérification. Ils y trouvèrent Robert, Chrisostome et Jules assis dans le restaurant avec, en guise de petit déjeuner, un pâté de chevreuil en gelée, une salade de pommes de terre aux harengs marinés et une terrine de queue de bœuf aux carottes. Ils ne purent arracher la moindre parole à Ernest tant que celui-ci ne fut pas restauré. Il réclama du pinot gris, qu'on lui apporta prestement.

Ils expliquèrent tout et cela dura longtemps car chacun coupait la parole à l'autre.

– Si je comprends bien, conclut un gendarme qui devait être le plus gradé, c'est vous, monsieur Einschluck, vous seul, qui avez permis l'arrestation de cette dangereuse bande de malfaiteurs.

Il ne fallut pas moins de trois agents de l'ordre pour maintenir sur sa chaise Robert qui commençait à proférer une litanie impressionnante de jurons fleuris et de noms d'oiseaux exotiques. Quand le furieux fut maîtrisé, Ernest s'approcha de lui et déclara en le toisant :

– *Aut Caesar, aut nihil.*

Puis il sortit en se fendant d'une traduction :

– « Ou César, ou rien. » Je rentre à Strasbourg. Rendez-vous à l'Herminette à cinq heures.

Il s'en alla, affectant le port altier de ceux qui savent qu'ils ont vaincu et que des lendemains de gloire leur tendent des bras reconnaissants.

42

De quelle façon Ernest tient conférence à l'Herminette

Ce soir-là, à la tombée de la nuit, la grande salle de la brasserie de l'Herminette était comble. Tout ce que l'Alsace compte comme journalistes, rédacteurs, éditorialistes, chroniqueurs, photographes ou localiers se trouvait là. Il y avait même des envoyés spéciaux du *Républicain Lorrain* de Moselle, de *L'Est Républicain* de Meurthe-et-Moselle et de *Vosges Matin.*

On buvait des bières de Noël que le patron avait du mal à tirer suffisamment vite, on s'esclaffait, on riait, on se retrouvait et on s'embrassait. Tous attendaient l'arrivée d'Ernest Einschluck, le sauveur.

Il poussa la porte, suivi de Robert, Jules et Chrisostome, et le silence se fit. Il traversa la foule comme un justicier de western, lentement, dévisageant les hommes un à un, les yeux mi-clos et le regard couleur d'acier. Il s'assit à une petite table qu'on avait installée sur une estrade au fond de la salle, près du bar. Il allait parler, il parla.

– D'abord un amer, puis une salade mixte et ensuite, je réponds à vos questions, déclara-t-il en préambule et il invita ses amis d'aventure à partager son repas.

Les trois apôtres ne se firent pas prier et s'installèrent à ses côtés. Alors, lorsqu'il eut fini de partager le pain et le vin avec ses compagnons, il se leva et dit :

– En vérité je vous le dis, nous devrons toujours combattre le malin sur cette terre. Je l'ai fait. Maintenant, je suis prêt à répondre à vos questions.

Cela dura longtemps, il expliqua tout en détail, donna la parole à Robert, plusieurs fois, à vrai dire à chaque fois qu'il le voyait devenir cramoisi.

Cette singulière conférence de presse allait finir lorsque Juliette entra, habillée de noir et de mauve. Elle fendit la foule, faisant claquer ses talons, qu'elle avait hauts. Parvenue à la tribune, elle embrassa les quatre mousquetaires qui demeurèrent pétrifiés comme des statues de sel. Ernest trouva les ressources suffisantes pour déclarer que la conférence de presse était terminée et se rua vers le comptoir commander un marc de gewurz pour reprendre ses esprits.

La fête dura fort tard. Ernest décida de ne point rentrer chez lui : il attendrait à l'Herminette la livraison des *Dernières Nouvelles d'Alsace* du matin. Le distributeur arriva avant l'aube, poussant devant lui sa *Kutsch* remplie de frais journaux, un véhicule obsolète qu'on ne trouve qu'à Strasbourg, une manière de landau rectangulaire avec des roues pareilles à celles des bicyclettes et des poignées qui ressemblent aux barres cylindriques qui entourent les vieilles cuisinières à bois en fonte émaillée. Sur les deux côtés de l'engin, on pouvait lire un aphorisme de Jules Renard : «Chacune de nos lectures laisse une graine qui germe.» *Les Dernières Nouvelles d'Alsace* étaient là, maintenant il fallait l'édition de *L'Alsace.*

Ernest réveilla Jules qui était resté avec lui et l'envoya au Reléache de la gare se procurer un exemplaire du quotidien sudiste. Lorsqu'il fut seul, il déplia le journal sur le comptoir. Le titre à la une occupait la moitié de la page : «Ces quatre Alsaciens qui nous libèrent.» Le chapeau précisait : «Les Alsaciens Jules Dorfdoddle, Ernest Einschluck, Chrisostome Spengler et Robert Wackes ont réussi le tour de force de démasquer les dangereux conspirateurs responsables de l'empoisonnement des knacks. L'Alsace retrouve sa fierté!»

Ernest lut, relut, puis entra dans une fureur meurtrière :

– Ces Bas-Rhinois sont impayables! Ils ne connaissent que l'ordre alphabétique quand ça les arrange! hurla-t-il à l'adresse de la salle déserte, c'est moi qui ai tout fait et moi seul! Ce ne sont pas les Alsaciens qui ont libéré les knacks, c'est le Haut-Rhin, c'est Ernest de Munster! Seul mon nom devrait intéresser la presse! Ils vont voir!

Il enfilait son manteau pour s'en aller délicatement dévaster les bureaux du quotidien rue de la Nuée-Rose lorsque Jules poussa la porte. Il était accompagné de Robert qui semblait passablement agité :

– C'est quoi, ça? éructa-t-il en brandissant *Les Dernières Nouvelles d'Alsace*, Jules est cité en premier et moi en dernier ! J'ai monté toute l'affaire et voilà comment on me remercie !

Il allait attraper Jules par le col, mais Ernest freina son geste.

– Ils ont mis nos noms par ordre alphabétique, ce qui est idiot puisque c'est moi qui ai arrêté la bande. Sans mon intervention, ils seraient tous encore à courir les Flandres, la Bavière ou la Bretagne !

Robert lâcha le veston de Jules pour fondre sur Ernest. Heureusement, Jules se mit à lire à voix haute le titre de *L'Alsace* : « Einschluck, ce héros. »

À ce moment, Robert comprit qu'il avait perdu la partie ; il poussa un profond soupir, baissa les bras et alla s'asseoir au bar, pestant contre le patron qui n'était même pas là pour lui servir un remontant. Jules continua la lecture du chapeau. À chaque mot, Robert baissait un peu plus la tête.

– « Ernest Einschluck, un Haut-Rhinois téméraire, libère l'Alsace de la menace extrémiste. La knack retrouve son rang emblématique, le Haut-Koenigsbourg renoue avec les exploits chevaleresques qui ont construit son histoire et forgé sa légende. »

Ernest arracha le journal des mains de son ami. Il voulait lire lui-même la suite de l'article qu'il devinait dithyrambique pour sa personne. Il ne fut pas déçu car le texte était entièrement consacré à sa gloire. Le correspondant du journal à Munster avait recueilli les témoignages des membres de la famille du héros. Tous, même ceux avec qui il se trouvait fâché depuis des lustres au point d'en avoir oublié les raisons, faisaient le panégyrique d'Ernest, chacun retrouvant dans sa mémoire les dons extraordinaires qu'une jeunesse turbulente avait quelque peu laissés en jachère et on réclamait le retour du fils prodigue au pays. En fin d'article, le maire de Munster proposait d'organiser mi-janvier une grande fête en l'honneur du Sauveur. Le journaliste avait cru bon de mettre un « S »majuscule car la ferveur était telle dans la vallée de la Fecht qu'on parlait déjà de miracle et que la multitude pensait qu'il fallait nommer Ernest Einschluck *santo subito*. Ernest se dirigea vers le comptoir pour se verser un amer « avec », à défaut de petit-lait.

43

Des riches épousailles de l'Alsace et de la Lorraine

L'Alsace bruissait à nouveau de ses petites fêtes épicuriennes et fantasques, tout allait de mieux en mieux. Dans les villages, les habitants avaient repris leur habitude de balayer hebdomadairement caniveaux et trottoirs, chose qu'ils avaient négligée depuis des semaines, et l'observateur averti conviendra qu'il s'agissait là d'un signe qui ne trompe pas.

Bouchers et charcutiers avaient remis en branle leurs rutilants laboratoires; la clientèle revenait, avide de retrouver les charcutailles naguère frappées du sceau de l'infamie. Les restaurants retrouvaient leur clientèle gourmande et grivoise.

Au début, les Lorrains eurent la mine et l'âme grises, mais cela ne dura pas longtemps car la chambre de métiers et de l'artisanat d'Alsace proposa à son homologue lorraine de travailler désormais main dans la main. Une charte de partenariat fut rédigée de concert, avec la participation des offices de tourisme des deux régions, et signée lors d'un festin homérique à Phalsbourg, au restaurant du Soldat de l'An II.

Le lieu choisi avait son importance car la place de Vauban a ceci de particulier qu'elle n'est ni tout-à-fait Lorraine ni tout-à-fait Alsacienne, elle est les deux à la fois, elle est le trait d'union entre ces deux régions comme Andorre qui se love entre Espagne et France.

Ce fut un repas digne des dieux. Vignerons et meilleurs chefs étoilés d'Alsace et de Lorraine se retrouvèrent derrière les fourneaux ou dans la cave de l'établissement adossé à la porte d'Allemagne. Tous rivalisèrent d'inventivité et de finesse dans une belle atmosphère de camaraderie potache. L'on débuta par un onctueux fromage de tête accompagné de menus boudins blancs truffés et de knacks en réduction ; c'était l'apéritif, les boissons à bulles crépitaient dans les verres comme autant de soleils éphémères. En guise d'entrée, un cappuccino d'escargots à la gelée de persil rivalisait avec un ragoût de colimaçons du pré aux herbes thaï.

Puis il y eut deux services de poisson : un filet de sandre au citron confit suivi d'une délicate brochette d'anguille sauvage du Rhin à la choucroute nouvelle. Les vins se succédaient et s'appelaient pinot gris d'Ancy, riesling Engelberg ou Château de Vaux.

Les poissons desservis, on apporta un filet de cochon de lait sur sa peau ainsi qu'un carré de cochon cul noir ; on but du pinot noir et du blanc de noirs. La paillarde assemblée en était à invoquer les mânes du fromage lorsqu'on présenta des côtes de chevreuil de Barchain et du râble de lièvre d'Alsace aux châtaignes. Cette bonne compagnie était rassasiée, mais, à la vue du gibier, l'appétit revint et les mâchoires allèrent bon train.

Nous ne vous raconterons pas les fromages, du vieux Verga, de la tomme au cumin et du munster fermier de la taille d'un sou neuf.

On honora le dessert, il n'y avait plus rien à perdre, et les dames repoussèrent aux calendes grecques leurs fantasmatiques projets de régime. Il y avait des bulles de Noël à la framboise, nacrées comme d'énormes perles aux reflets surannés, relevées de spéculos, et des macarons aux amandes aromatisés aux épices exotiques. Quelques flacons de vendanges tardives et de sélection de grains nobles circulaient parmi les convives, faisant lever les yeux vers le ciel et remercier le Bienfaiteur de ses grâces. Le café fut servi, accompagné de chocolats et de mignardises sophistiquées ainsi que de roboratives eaux-de-vie de mirabelle et de quetsche. Une stupéfiante confrérie hédoniste et bachique venait de voir le jour, l'Alsace et la Lorraine fêtaient leurs épousailles avec pour témoins les Haeberlin, Klein, Husser, Schneider, Nasti, Keff, Maetz et Schmitt… Enfin, il fut l'heure de se séparer et tous se jurèrent de se retrouver le 15 janvier à Munster.

Épilogue

Retour à Munster : Ernest Einschluck en gloire

Enfin, le 15 janvier arriva. Le Conseil général du Haut-Rhin avait affrété un train spécial au départ de Strasbourg pour convoyer Ernest et ses amis vers la haute vallée de la Fecht. Un arrêt était prévu en gare de Colmar et, lorsque le train arriva, toute la municipalité en rangs d'oignons sur le quai célébra la gloire du rédempteur. Rien ne manqua : discours enflammé, mais parfois fumeux du maire de la cité, médaille de la ville fichée sur le torse bombé du preux guerrier, accolades et poignées de main vigoureuses.

Et pas un mot pour Robert, Chrisostome et Jules, restés en retrait de la cérémonie. Ce fut à peine si l'on cita leurs noms. Cela n'eut pas, mais pas du tout, l'heur de plaire à Robert qui tenta, mais en vain, de convaincre le chef de convoi de faire machine arrière vers Strasbourg. L'accueil de Munster serait une nouvelle humiliation à laquelle il ne pouvait se résoudre et il eut beau promettre un hectolitre d'amer bière, deux hectomètres de knacks en chapelets et dix cartons de klevener de Heiligenstein, rien n'y fit.

Juliette Knochesoup les accompagnait en qualité d'invitée personnelle du maire de Munster qui avait été jadis confrère du défunt mari de la belle. Faisant preuve de cette finesse psychologique qui n'appartient qu'aux femmes, elle réussit à convaincre l'échauffé furieux qu'il était inutile de se coucher devant la motrice pour en empêcher la progression. L'on repartit.

C'était l'allégresse dans les voitures, d'autant plus que les vignerons de la vallée venaient d'installer à bord ce que les assassins de Jeanne la Lorraine nomment *open bar*, ce qui veut dire que les consommations sont gratuites et à volonté, à la différence de *bar open*, qui signifie que le bar est ouvert, mais payant.

Les confréries tastevines, tastevineuses et tastevinières des rives de la Fecht, de sa source jusqu'à son abandon lascif dans les bras de l'Ill, étaient là : Wihr-au-Val, Walbach, Zimmerbach, Wintzenheim, Turckheim…

On but du riesling et du pinot gris, blanc et noir, on dégusta de tourmentés bretzels joufflus et de fines tranches de *Kugelhopf* au lard et aux noix.

Robert boudait dans son coin, serrait poings et mâchoires et levait les yeux au ciel quand il entendait Ernest raconter ses exploits à la cantonade en inventant à chaque fois de nouvelles péripéties, avec cette si délicate modestie qu'ont les Haut-Rhinois lorsqu'ils vous expliquent pourquoi ils sont les meilleurs.

Ernest se rapprocha de Juliette afin de lui narrer combien était verte sa vallée. Elle l'écouta avec un intérêt non feint ; elle lui souriait, maintenant. Il nomma tous les hauts sommets enneigés qui veillent sur le val avec la Schlucht qui barre l'horizon à l'ouest. Il lui raconta les fermes auberges et les repas marcaires, les lacs sombres sous les falaises abruptes, les myrtilles et la gentiane. Au printemps, il l'emmènerait en promenade là-haut, où les chaumes pelés caressent les nues.

Pour ne pas commettre l'irréparable, Robert changea de wagon.

Le train entra en gare de Munster en sifflant trois fois. Le quai était revêtu d'un tapis rouge et, ordonnée en haie d'honneur, la fanfare municipale accompagnait la descente des voyageurs de ses notes cuivrées.

Ernest marchait en tête et fut accueilli, au bout du quai, par le maire de la ville qui lui passa autour du cou, comme le font les Vahinés des terres australes avec des fleurs, un collier de knacks odorantes et suffisamment grasses pour tacher sa chemise.

L'instant semblait sacré, c'était comme un tableau de David célébrant le sacre de l'Empereur. Puis tous se dirigèrent en cortège vers la mairie, devant laquelle avait été aménagée une estrade richement décorée. Les rues de la ville étaient envahies de badauds désireux de célébrer les hauts faits du fils prodigue, de l'enfant du pays, et le cortège éprouva le plus grand mal à traverser la foule gourmande qui emplissait la place du marché. Mais il fallut attendre quelque temps, car le concert de bienvenue venait juste de commencer.

Ce fut d'abord Roger Suffer en vedette américaine. Le facétieux avait repris du poids et conséquemment du poil de la bête. C'est avec une fougue qui le surprit lui-même qu'il entonna, tel Country Joe Mac Donald tout à sa gloire de Woodstock :

– *Gimme a* «k»! K!! reprit la foule en chœur. *Gimme a* «n»! N!! *Gimme an* «a»! A!! *Gimme a* «c»! C!! *Gimme a* «k»! K!! *What's that spell?* KNACK!! *What's that spell?* KNACK!! Et ainsi de suite...

Lorsqu'il eut terminé apparut sur scène l'icône alsacienne, le tombeur des *Maïdele*, le futur ex-gendre des matrones du Kochersberg, le chouchou de Radio Nostalgie, le Rudolf Valentino des winstubs, l'encore séduisant… Cookie Bredele!

Vêtu de blanc et outrageusement grimé par les stagiaires maquilleuses de France 3 Alsace, il ne chanta qu'une seule chanson, mais quelle chanson! En voici les paroles, en exclusivité mondiale :

Knack libérée
(Paroles et musique de Cookie Bredele)

«Notre Ernest Einschluck il est d'ici
Dans les DNA il ne lit que Pudlowski
L'Alsace y a longtemps qu'elle boit du crémant
Elle mange des knacks en cachette, c'est bien plus marrant

Refrain (2 fois) :
Ne la laisse pas tomber, elle est si fragile
Être une knack libérée, tu sais c'est pas si facile

Elle a disparu, on a craint sa mort
Or on savait bien qu'elle vivait encore
Mais on s'en fout, elle revient quand même
Et on lui susurre des tas de «je t'aime»

Refrain…

Ces derniers temps elle nous fit du souci
Car on craignait bien qu'elle perdît la vie
On sort la panse à chaque fois qu'elle entre
Et toute l'Alsace dit qu'elle fait ventre

Refrain…

Elle plaît à tous, on la déguste partout
Elle aime enchanter et tromper l'gabelou
Elle avoue son âge, bien plus de cent ans,
Elle aime aussi la moutarde, c'est bien plus tentant
Refrain *(ad libitum)*…»

Lorsqu'il eut chanté et pendant que l'on évacuait tant bien que mal les ménagères de plus de cinquante ans tombées en pâmoison sur le pavé, Roger Suffer vint le rejoindre et, ensemble, ils fredonnèrent une manière de mélopée nostalgique intitulée : *Die Knackwirschtle sind frei…*

Ernest et ses accompagnateurs purent alors accéder à la tribune, abandonnant la petite clique de l'Herminette au pied de l'estrade. Seule Juliette put se rendre aux côtés du glorieux, aidée par le maire qui commença son discours d'autant plus promptement qu'il était midi et que des senteurs de viandes fumées ou marinées, des odeurs de tourtes chaudes et des fumets de tartes flambées montaient de la halle qu'on avait érigée en contrebas, place de la salle des fêtes.

On entendait cliqueter verres et couverts que l'on mettait en place sur des nappes généreusement offertes par l'agence locale du Crédit Mutuel, le claquement sourd des bouteilles qu'on débouchait et le bruit sec des couvercles qu'on reposait sans ménagement sur les marmites. La faim rôdant, le silence se fit. Le public était toutes ouïes, toutes papilles.

Le maire commença son discours :

– La knack ! La knack outragée, la knack brisée, la knack martyrisée ! Mais la knack libérée ! Libérée par Ernest Einschluck lui-même, avec le concours de l'Alsace tout entière, de l'Alsace qui se bat, de la seule Alsace, de l'Alsace éternelle ! La knack rentre à Munster, chez elle ! L'Alsace revit à Munster avec toi, Ernest !

Entre ici, Ernest Einschluck, avec ton cortège de knacks et de fêtes à venir ! Le fils perdu est de retour au pays, triomphant, vainqueur, glorieux…

Puis l'élu remercia les représentants du Bas-Rhin et de Lorraine qui avaient répondu nombreux à son invitation, jetant ainsi les bases d'une fructueuse coopération à venir dans l'amitié, l'entraide et le respect mutuel (des oreilles fines crurent entendre « crédit mutuel », mais nul ne put en apporter la preuve).

Lorsqu'il eut terminé, il tira de sa poche un ruban au bout duquel se balançait la médaille de la ville. Il confia le tout à Juliette afin qu'elle le passât au cou du héros. Elle s'avança d'un pas mal assuré et déposa sur le front du demi-dieu un chaste baiser. Puis, en un mouvement qu'elle ne put contrôler, elle baissa la tête lentement et ses lèvres maquillées frôlèrent furtivement celles d'Ernest qui, devant cette promesse de félicité à venir, sentit ses genoux fléchir. Le colosse aux pieds d'argile s'effondra, évanoui. Une rumeur parcourut la foule. Robert, ravagé par le dépit, se tourna alors vers Jules et Chrisostome et articula, avec la voix tremblante de ceux qui ne rendent pas les armes alors qu'ils se savent vaincus :

– « Occis-mort », ce ne serait pas plutôt un pléonasme ?

Glossaire des termes alsaciens figurant dans le texte

Amer « sans » : Picon bière.

Amer « avec » : Picon bière avec un filet de sirop de citron.

Anisbredele : petits gâteaux à l'anis.

Baeckeofe : plat composé de viandes marinées (porc, agneau, bœuf), de pommes de terre, d'oignons ou de blancs de poireau et de vin blanc, cuits au four dans une terrine vernissée.

Bibeleskaes : fromage blanc mélangé au choix avec ail, échalotes, ciboulette, persil, poivre, sel et accompagné de pommes de terre vapeur ou sautées.

Bierwurscht : saucisse à la bière.

Bluttwurscht : saucisse au sang.

Butterbredele : petits gâteaux au beurre ; de nombreuses variantes existent : amandes, noix, citron, noisettes…

Café « sans » : café simple.

Café « avec » : café accompagné d'un verre de schnaps ou de marc.

Coopé : nom féminin ; on dit « la » Coopé. Apocope de « Coopérateurs d'Alsace », historiquement premier réseau d'épiceries villageoises. Chaque village comptait naguère une « Coopé ». Malgré des tentatives de concurrencer la grande distribution, elles ont toutes disparu, dévorées par des épiciers de Landernau ou de Belgique.

CUS : Communauté urbaine de Strasbourg. Permet parfois au premier adjoint au maire de Strasbourg d'être Président de quelque chose.

Flammekueche : tarte flambée cuite dans un four à pain (pâte à pain, oignons, crème, lardons fumés, assaisonnements). Les Lorrains en seraient les inventeurs, ce qui ne fait pas rire, mais pas du tout, les Alsaciens.

Fleischkiechle : galette de viande.

Fleischwurscht : saucisse de viande (préparation proche du cervelas).

Gottverdammi : juron mettant Dieu en scène et ponctuant souvent une catastrophe. Très utile à la fin des matchs du Racing.

Hergeloffeni : immigrants venant en Alsace depuis la France de l'intérieur. Souvent considérés (à tort ?) comme des incapables. Traduction proposée : « pièces rapportées ».

Kilometerwurscht (ou « ficelle » en Lorraine) : cousine de la saucisse à cuire, mais du diamètre de l'index, même utilisation que la *Kochwurscht*. Se commande à la longueur.

Kochwurscht : saucisse à cuire fumée accompagnant souvent choucroutes alsaciennes et potées lorraines.

Lewerknefle : quenelles de foie de veau.

Lewerwurscht : saucisse de foie.

Lionnerwurscht : saucisse de viande avec des morceaux de jambon.

Paekser : ceux qui parlent « pointu », les « étrangers » proches qui parlent souvent la même langue, mais pas comme nous, *guel ?* Souvent considérés (à tort ?) comme des prétentieux ou des débiles.

Presskopf : fromage de tête.

Racing : Racing Club de Strasbourg, club professionnel de football de la ville, jadis champion de France et vainqueur de la Coupe de France. Il est également champion des guerres intestines et du yo-yo qui consiste à passer de la première division à la troisième pour remonter ensuite avant de redescendre à nouveau. C'est la troupe comique la plus prisée des Alsaciens.

Schiffala : palette de porc, souvent cuite à la bière ou dans la potée (lorraine).

Schmirwurscht : saucisse à tartiner.

Schwowebredele : petits gâteaux de Noël aux amandes.

Spritzbredele : petits fours de Noël cannelés en forme de « S ».

Welsche : adjectif ou nom propre. Désigne la population et le parler roman des habitants des vallées alsaciennes dans le massif des Vosges, notamment vers Orbey, Lapoutroie ou la haute vallée de la Bruche.... Souvent considérés (à tort ?) comme des demeurés.

Winstub : à l'origine « débit de vin » ; ce sont des lieux où l'on peut se restaurer des grands plats traditionnels alsaciens, l'atmosphère y est *heimlich* (intraduisible), surtout en hiver. Demander conseil à un indigène pour trouver les meilleures.

OUVRAGE RÉALISÉ
PAR L'ATELIER GRAPHIQUE
DES ÉDITIONS PLACE STANISLAS

ACHEVÉ D'IMPRIMER
EN JANVIER 2011
PAR L'IMPRIMERIE ARTI GRAFICHE
POUR LE COMPTE DES
ÉDITIONS PLACE STANISLAS